J. Boulanger

J. DULON, Professeur

SAINT-GERMAIN-EN-LAYE
(SEINE-ET-OISE)

CAPITAINES
ET
GOUVERNEURS
MAITRISE ET GRUERIE

Instruire les uns, réveiller le souvenir des autres.
Indocti discant et ament meminisse periti.
HENAULT (Histoire de France).

SAINT-GERMAIN-EN-LAYE
LÉVÊQUE, Libraire-Éditeur
14 et 18, rue du Vieux-Marché

1899

J. DULON, Professeur

SAINT-GERMAIN-EN-LAYE
(SEINE-ET-OISE)

CAPITAINES
ET
GOUVERNEURS
MAITRISE ET GRUERIE

> Instruire les uns, réveiller le souvenir des autres.
> *Indocti discant et ament meminisse periti.*
> HENAULT (Histoire de France).

SAINT-GERMAIN-EN-LAYE
Ch. LÉVÊQUE, Libraire-Éditeur
14 et 18, rue du Vieux-Marché

1899

ADDENDA ET CORRIGENDA.

Page VI. — La Capitainerie de Saint-Germain, qui n'avait pas moins de *dix lieues de long sur six lieues de large*, se composait encore, en 1789, des officiers suivants : un capitaine, quatre sous-lieutenants, deux inspecteurs généraux, six exempts, un procureur du roi, un greffier en chef, un collecteur des amendes, six inspecteurs et un survivancier. Quant à la Maîtrise, dont la juridiction s'étendait *sur plus de cinquante mille arpents de bois*, voici quel fut son personnel, depuis 1689 jusqu'à la Révolution : un maître particulier, un lieutenant, un garde-marteau, un procureur du roi, un greffier, un huissier audiencier, un huissier ordinaire, deux arpenteurs et un garde général des amendes.

Page X. — On retrouve encore, dans divers endroits de la forêt de Saint-Germain, les noms de plusieurs de ces capitaines-gouverneurs. Ainsi, nous y voyons les routes de *Frontenac*, de *Richelieu*, de *Montchevreuil*, *du Lude* et *d'Ayen*, les croix de *Saint-Simon* et de *Noailles*, les étoiles de *Beaumont* et de *Mornay*. Il y a aussi dans la ville les rues de *La Salle*, de *Noailles* et d'*Ayen*.

Page 19. — Marguerite, fille de Jean I de Meudon, capitaine de Saint-Germain, mourut avant 1402, laissant des enfants mineurs. Les armes de son époux, Adam de Gaillonet, étaient : *de gueules au sautoir d'argent*. Quant à Sauvage des Boues (page 21, ligne 5), il portait : *d'azur à cinq fusées* (et non fasces) *d'argent en bande*.

Page 24. — On lit dans Lalanne, *Dictionnaire historique de France*, que les seigneurs de Calleville étaient de la famille de Dyel (Normandie); mais nous devons ajouter que les Calleville des xive et xve siècles n'étaient pas des Dyel.

Page 37, note 1. — Lisez : *Archives Nationales*, X¹ᵃ 4795.

Page 52, note 2. — Ce renseignement a été pris dans l'*Atlas* (et non Histoire) *de la Grande-Bretagne*, *J. Blaeu*, Amsterdam, 1645, colonne 1, pag. 279.

Page 55. — Dunois, gouverneur de Saint-Germain-en-Laye, avait épousé, en premières noces, Marie Louvet, qui ne lui donna pas d'enfants ; et, en deuxièmes, Marie d'Harcourt, fille de Jacques d'Harcourt, baron de Montgomery, et de Marguerite de Melun, comtesse de Tancarville. (Anselme, *Maison de France*, tome I).

Page 56. — Jean d'Ailly, capitaine de Saint-Germain, portait : *de gueules, au chef échiqueté de trois tires* (et non têtes) *d'argent et d'azur*. Sa sœur, Jacqueline d'Ailly, s'était mariée, le mois de novembre 1435, avec Jean de Bourgogne, comte de Nevers, arrière-petit-fils de Jean le Bon, roi de France (*Dictionnaire* de Moréri).

Page 63, ligne 3. — Thomas de Lannoy, seigneur de *Dameraucourt* (bourg de France en Picardie), fut gouverneur de la ville de *Hesdin*, pour Marie de Bourgogne, comtesse de Flandre et d'Artois.

Page 64. — Le poème de Valerand de Varanis parut en 1508 ; il a pour titre : *Carmen de expugnatione genuensi cum multis ad gallicam historiam pertinentibus*.

Page 67. — De Jeanne de Poix, femme de Raoul de Lannoy, capitaine de Saint-Germain, naquirent : 1º *François*, bailli d'Amiens, époux de Marie de Hangest, fille de Jean de Hangest, seigneur de *Genlis* ; 2º *Louise*, mariée à Philippe de Créqui, chevalier, seigneur de *Bernieulles* et de *Bléquin*.

Page 77 note 1. — Lisez : *Mont-Saint-Sorlin*. — Jeanne de la Baume, mère de Jacques de Dinteville, capitaine de Saint-Germain, était sœur de Guillaume et de Guy, tous deux chevaliers de la Toison d'Or, et petite-fille de Jean de la Baume, comte de Montrevel, gouverneur de Paris et maréchal de France pour le roi d'Angleterre.

Page 120, ligne 21. — Les conférences tenues à Saint-Germain-en-Laye, où la Cour était venue chercher un refuge, et auxquelles prit part René de Longueil, durèrent du 25 septembre au 22 octobre 1648. On y examina les réformes à introduire dans le gouvernement de la France, entre autres, la diminution des impôts, l'intervention obligatoire du Parlement pour le vote des édits burseaux et les garanties réclamées pour la liberté individuelle. Après de longues contestations, la régente, Anne d'Autriche, fut obligée de signer une déclaration qui résumait les conditions imposées à la royauté par le Parlement. (voir Chéruel, *Minorité de Louis XIV*, tome III, pag. 81; *Journal* d'Olivier Lefèvre d'Ormesson, Paris, 1859, tome I, page 581). La Cour retourna à Paris le 31 octobre. L'année suivante, de nouveaux troubles ayant surgi dans la capitale, Anne d'Autriche vint encore une fois chercher une retraite à Saint-Germain, avec ses enfants, le cardinal Mazarin, le duc d'Orléans, frère de Louis XIII, et le grand Condé (6 janvier 1649).

Page 130, note 1. — Lisez : Pinard, *Chronologie* (et non Chronique) *historique et militaire*.

Page 138, ligne 12. — Lisez : *Six* au lieu de huit. — Ce fut d'après les conseils de Henri de Daillon, gouverneur de Saint-Germain, que Louis XIV fit abattre, en 1679, le château de la Muette, (il tombait de vétusté), pour agrandir le petit parc ; tout ce qui dépendait de la chapelle, comme serrurerie, décors, menuiserie, fut donné aux Augustins des Loges.

Page 138, ligne 12. — Le mariage de Charlotte-Amable d'Aubigné, avec Adrien-Maurice de Noailles, avait eu lieu le 1er avril 1698, dans l'église paroissiale de Versailles.

L'archevêque de Paris fit la cérémonie. Le soir, on soupa chez Mme de Maintenon. Après souper, on coucha les mariés ; Louis XIV donna la chemise à l'époux, et la duchesse de Bourgogne, à l'épouse. Le roi, en tirant les rideaux des mariés, dit qu'il leur donnait à chacun huit mille francs de pension. (voir *Journal* de Dangeau, tome VI, pag. 322; *Mercure* d'Avril, page 215).

Page 203. — Armes de Jean Talbot, capitaine de Saint-Germain : *Ecartelé au 1 et 4 de gueules au lion d'or, à la bordure engrelée de même ; au 2 et 3 d'argent à la bande de gueules, accompagnée de six merlettes de même*, qui est de Furnival, etc. — Cet écusson a inspiré au poète, auteur du siège de Karlaverok, en Ecosse, par l'armée anglaise (1300), les vers suivants :

  Ovec eus fu achiminez
  Li beaus Thomas de Fourneval
  Ki haut seoit sur le cheval
  Ne sembloit home ki someille.
  Sis merlos et bende vermeille
  Portoit en la banière blanche.

On lit dans Lemau de la Jaisse, *Cinquième abrégé de la Carte générale du Militaire de France*, 1739, première partie, page 124 : « Gouverneurs des Maisons royales *qui sont du corps des Gouverneurs généraux des Provinces, attendu qu'ils ne reçoivent d'ordre que du roi directement* ». Saint-Germain-en-Laye occupe dans cette liste le numéro 2 sur 10. — Lemau de la Jaisse avait déjà fait cette remarque à la cinquième feuille du *Grand tableau historique du Militaire de France*, publié en 1733, par autorisation royale datée du 17 mars 1730.

ARMOIRIES
DE SAINT-GERMAIN-EN-LAYE

D'azur au berceau semé de fleurs de lis d'or, accompagné au deuxième point en chef, d'une fleur de lis d'or, et en pointe, de la date du 5 septembre 1638.

Ces armoiries, sauf la couronne murale qui est de fantaisie, furent accordées par Louis XVIII, le 17 août 1820, en mémoire de la naissance de Louis XIV, à Saint-Germain-en-Laye; elles commencèrent à paraître dans les *Actes de la Mairie*, à partir du 1er octobre 1821, sous l'administration de Pierre Danès de Montardat, né à Lavit-Lomagne (Tarn-et-Garonne), chevalier de l'ordre militaire de Saint-Louis, ancien colonel de cavalerie, décédé le 15 septembre 1829, à l'âge de 82 ans (1). Auparavant, et de temps immémorial, Saint-Germain-en-Laye avait pour armoiries le blason de France.

---

(1) Les restes de Danès de Montardat reposent dans l'ancien cimetière de Saint-Germain. Une rue pour l'ouverture de laquelle il avait fourni le terrain, porte son nom.

PRÉLIMINAIRES

Autrefois une des sept filles de la Prévôté de Paris, officiellement nommée, le 11 brumaire 1793, *Montagne-du-Bon-Air*, la ville de Saint-Germain-en-Laye (*Sanctus Germanus in Lidda, in Laya, de Lea, Fanum Sancti Germani, Germanopolis Ledia*) est la deuxième du département de Seine-et-Oise par sa population (1), et sûrement la première par son commerce, par la beauté du site, la richesse des lieux qui l'environnent ainsi que par ses grands souvenirs historiques. Faire connaître aux uns et rappeler aux autres quelques-uns de ces souvenirs, *indocti discant et ament meminisse periti*, tel a été l'unique motif de nos précédentes

---

(1) 16,489 habitants, d'après le dernier recensement.

publications (1). C'est un motif analogue qui nous invite encore aujourd'hui à publier une étude intitulée : *Capitaines et Gouverneurs, Maîtrise et Gruerie de Saint-Germain-en-Laye*, durant une période de six siècles, c'est-à-dire, depuis 1200 jusqu'en 1790, inclusivement.

Sous l'ancien régime, la France comptait plusieurs capitaineries : Le Louvre, les Tuileries, le château de Madrid, la Bastille, Vincennes, Meudon, Compiègne, Halatte, Sénard, Fontainebleau, Blois, Monceau, Saint-Germain-en-Laye. Cette dernière, une des plus anciennes et des plus importantes du royaume, n'avait pas moins de dix lieues de long, sur six de large.

Dès l'origine, les officiers auxquels était dévolu le gouvernement de nos capitaineries, s'appelaient *consergii, conservii, conservatores*, ou bien encore *præfecti regiarum ædium* (2); plus tard, ils prirent les titres, soit de Capitaines, soit de Gouverneurs. Leurs fonctions ne consistaient pas seulement à commander dans les

---

(1) *Eglise paroissiale de Saint-Germain-en-Laye*, 1895; *Maires de Saint-Germain-en-Laye*, 1896; *Jacques II Stuart, sa famille et les Jacobites à Saint-Germain-en-Laye*, 1897.

(2) Voir au mot *Concierge :* Ménage et Borel, *Origine de la langue française;* du Cange, *Glossaire de la basse latinité;* Dictionnaire de *Trévoux*; de Sainte-Pàlaye, *Dictionnaire historique de l'ancien langage français*, tome IV; Littré, *Dictionnaire*.

Maisons royales, à veiller à la conservation des forêts et des *plaisirs du roi* (1); ils étaient encore chargés de faire observer les ordonnances, d'informer des délits, de nommer les lieutenants, sous-lieutenants, procureurs, gardes et autres agents; à Saint-Germain-en-Laye, il était d'usage, du moins au xviie siècle, de leur faire, au jour de l'an, un don tout particulier (2). Le roi venait-il dans cette cité, à eux était réservé le soin de le recevoir; ils lui présentaient la principale clef du château, voulant indiquer par cet acte que leur autorité cessait en présence du Souverain; mais celui-ci remettait aussitôt cette même clef entre leurs mains, comme témoignage de la confiance qu'il avait en eux (3).

Le premier capitaine, dont nous avons pu constater l'existence d'une façon authentique, vivait sous le règne de Philippe-Auguste (1180-1223). Son nom était Etienne, *Stephanus;* il est mentionné dans les cartulaires de Saint-Wandrille et de Saint-Germain-en-Laye. Viennent ensuite quatre chevaliers issus de l'ancienne

---

(1) On appelait *plaisirs du roi,* toute l'étendue du pays qui était dans une capitainerie royale, où la chasse était réservée au roi.

(2) Voir article : *Adrien-Maurice duc de Noailles,* page 157.

(3) Une de ces clefs, conservée au *Musée municipal,* fut donnée à la ville, en 1842, par un de ses Maires, Louis de Goujon de Thuisy.

famille de Meudon : *Robert*, *Henri*, *Jean* et *Bureau* ; ils eurent leur sépulture, non loin de Saint-Germain, à Hennemont, prieuré de l'*Ordre du Val des Écoliers*. Aux seigneurs de Meudon succédèrent *Sauvage des Boues*, chevalier de la Cour amoureuse du roi Charles VI, *Jean* et *Collard de Calleville*, qui descendaient de l'ancienne maison de Dyel (Normandie); *Louis*, dauphin de France, duc de Guienne, et *Jean de Guiry*, originaire du Vexin français.

En 1415, Saint-Germain-en-Laye étant tombé au pouvoir des Anglais, ces derniers en restèrent maîtres environ pendant trente années. Nous y voyons alors, comme capitaines-gouverneurs, *Jean Gray*, avec ordre de veiller à la conservation des trèves conclues à Mantes ; *Philippe Branche*, venu de la Normandie ; *Jean de Hanfort*, qui réunit au commandement de Saint-Germain, ceux de Montjoie, de Maisons-sur-Seine et de Marly-le-Roi ; *Robert de Harlyng*, dont il nous reste plusieurs sceaux ; *Louis Despoys*, chevalier gascon, qui fit plusieurs montres d'armes ; *Jean Talbot*, comte de Waterfort, surnommé le nouvel *Achille*; enfin *François de Surienne*, dit l'*Aragonais*, un des plus célèbres aventuriers du xve siècle.

Expulsés de Saint-Germain en 1436, les Anglais y reviendront deux ans après, grâce à la trahison de Carbonnet, prieur de Nanterre; mais ils en seront définitivement chassés en 1449, et, dès cette époque, tous nos capitaines, sauf pourtant *Richard de Merbury* auquel Charles VII, en considération de ses services, donna le gouvernement de Saint-Germain-en-Laye, tous nos capitaines, disons-nous, appartiendront aux plus nobles familles de France et de Navarre. Voici leurs noms :

Jean d'Orléans, comte de Dunois et de Longueville, qui passe pour avoir fait ériger, dans la forêt de Laye, la *Croix Pucelle*, à l'honneur de Jeanne d'Arc dont il avait été un des vaillants compagnons d'armes ; *Jean d'Ailly*, vidame d'Amiens ; *Jacques Coitier*, devenu premier médecin de Louis XI par des moyens qui sont restés ensevelis dans le mystère ; *Yvon du Fou*, grand veneur de France ; *Raoul de Lannoy*, décédé en 1515, laissant après lui la réputation d'un homme juste, ami des lettres et des arts ; *Jacques de Dinteville*, d'une maison considérable de la Bourgogne ; *Louis de Rouville*, grand maître des eaux et forêts de Normandie ; le chevalier *Louan*, seigneur d'Arfeuilles ; *Guillaume de Montmorency*, premier baron de France ; *Pierre de Ruthye*, seigneur d'Aussuruc, en Navarre ; *Jean I, Jean II* et *Charles de la Salle*, dont Saint-Germain a voulu perpétuer la mémoire en donnant leur nom à une de ses rues ; *Antoine* et *Henri de Buade*, le premier, comte de Frontenac, et le deuxième, baron de Palluau ; *François de Baradat*, marquis de Damery (Champagne) ; *Claude de Rouvroy, duc de Saint-Simon*, auquel on doit l'érection d'un obélisque dans la forêt de Laye ; *René* et *Jean de Longueil*, père et fils, seigneurs de Maisons-sur-Seine; *Louis le Normand*, comte de Beaumont-le-Roger, sur la Rille; *Jean-Baptiste Amador de Wignerot du Plessis*, lieutenant des armées du roi; *Henri de Daillon*, duc du Lude, grand maître de l'artillerie de France; *Charles de Mornay*, premier marquis de Montchevreuil; son fils *Henri*, chevalier des ordres du roi; et ses petits-fils, *Henri-Charles* et *Léonor*. Enfin *Maurice-Adrien*, duc de Noailles, maréchal de France; *Louis*, duc d'Ayen, et *Jean-Paul de Noailles*, chevalier de la Toison d'or, pair de France et membre de l'Institut.

Telle est la nomenclature des nobles et distingués personnages, à chacun desquels nous allons essayer de faire une notice satisfaisante, après avoir jeté un rapide coup d'œil sur les deux maisons royales de Saint-Germain-en-Laye (château-vieux et château-neuf), dont ils furent notamment les capitaines-gouverneurs.

I

Dans une situation très heureusement choisie, le château-vieux occupe une surface de 1 hectare, 55 ares, 56 centiares. Sa forme est celle d'un pentagone irrégulier. On a beaucoup disserté sur son origine; les uns, comme Mabillon et Lebœuf, ont cru pouvoir en attribuer la fondation à Robert le Pieux, roi de France de 996 à 1031. Cette opinion n'est basée que sur des conjectures (1). Selon d'autres, il aurait été construit par Charles V, dit le Sage (1364-1380); mais ceux-ci sont dans une erreur évidente (2). Un fait hors de tout doute, c'est qu'il était déjà debout, sous le règne de Louis VI, dit le Gros; et en effet, un diplôme que donna ce dernier monarque, l'an de grâce 1124, porte textuellement : *Actum publicè apud Sanctum Germanum de Laia, in palatio nostro.* Louis VII, le Jeune, y reçut en grande solennité, le mois de Janvier 1169, Henri Plantagenet, roi d'Angleterre (3). Philippe-Auguste y fonda, sous l'invocation de la Bienheureuse Vierge Marie, une chapelle où un des moines de Saint-Germain-en-Laye devait célébrer, tous les jours, messe et vêpres : *Unus ex monachis Sancti Germani in Laia, in capella nostra quam in honore Beatæ Mariæ in domo nostra Sancti Germani in Laia fundavimus, diebus singulis,*

---

(1) Tout ce que l'on sait à cet égard, c'est que Robert fit bâtir, dans la forêt de Laye, une petite église, *ecclesiolam*, sous le double vocable de Saint Vincent, diacre, et de Saint Germain, évêque de Paris (voir dans le cartulaire du prieuré de Saint-Germain-en-Laye, conservé à la Bibliot. Nat., et dont M. J. Depoin a publié divers extraits, les *diplômes* de Philippe Ier et de Louis VI.

(2) Charles V le fit réédifier, ce qui lui en a fait attribuer la fondation.

(3) Lebœuf, *Histoire du Diocèse de Paris*, tome VII, page 217.

missam et vesperas tenebitur celebrare (1). Le séjour de saint Louis dans cette demeure souveraine, se prouve par plusieurs actes dont le premier est de l'an 1227, mois de novembre; il y logea en 1247, Baudoin II, empereur de Constantinople, venu par suite d'un traité lui remettre la Sainte-Couronne et un morceau considérable de la vraie Croix (2). Des ordonnances, des décrets, et des lettres patentes, en grand nombre, y furent signées par les rois Philippe III le Hardi, Philippe le Bel, Louis X, Philippe le Long, Charles IV (3), Jean le Bon, Philippe VI et Charles V, dit le Sage (4). Ce dernier chargea (1367) Jean de Meudon, un de nos capitaines, d'en réparer les fossés et les retranchements, avec une largeur de cinquante pieds autour; bien plus, d'après le témoignage

---

(1) Dom Martène, *Amplissima collectio*, tome I, p. 1175; voir aussi *Archives Nation.*, J. 461, n° 10.

(2) On attribue généralement à Saint Louis la fondation de la gracieuse chapelle que l'on y voit encore, et que l'on ne saurait assez étudier, disait Viollet-le-Duc; elle date certainement de la première moitié du XIIIe siècle; mais ne serait-elle pas la même que venait de fonder Philippe-Auguste? Dans ce cas, Saint Louis n'aurait peut-être fait que l'achever.

(3) Le mois d'avril 1326, Charles IV donna à Raoul de Beaumont, son maître-queux, divers héritages sis à Saint-Germain-en-Laye, dans le territoire de *Groes*. (*Arch. Nation.*, JJ. 64, folio 66. Indication de M. Stein).

(4) Voir *Actes et Mandements de Charles V*, par M. Léopold Delisle, Paris, 1874.

formel de Christine de Pisan, il le *fist moult notablement réédifier*. Vers 1416, des travaux y furent exécutés pour le compte de la reine Isabeau de Bavière, laquelle se plaisait beaucoup dans ce palais ; après avoir été occupé par les Anglais pendant trente ans environ, il retourna définitivement à la couronne, sous le règne de Charles VII le Victorieux, en 1449. François Ier, ce *Père éclairé des Arts et des Lettres*, le reconstruisit dans sa plus grande partie, à tel point qu'il en est regardé comme le véritable fondateur ; il fut le berceau des rois Henri II (1518), et de Charles IX (1550) (1). Là aussi avait vécu ses premières années une reine dont la mémoire est restée particulièrement chère à la France, l'infortunée et la noble Marie Stuart. La chapelle en fut richement décorée par Louis XIII. Sous le règne de Louis XIV (1682), cinq gros pavillons furent substitués aux tours dont il était flanqué. Quand il eut été délaissé pour les munificences de Versailles, un prince fugitif, Jacques II, roi d'Angleterre, d'Ecosse et d'Irlande, y trouva une sympathique et généreuse hospitalité. Après avoir vu s'établir successivement dans son enceinte, une salle de spectacle, une garnison de vétérans, une Ecole

---

(1) A l'occasion de la naissance de ce dernier, il y eut de grandes réjouissances. Devant l'église fut élevée une pyramide avec une fontaine d'où jaillit une grande quantité de vin. — Ce monument subsistait encore en 1780.

de cavalerie, qui, malgré sa courte durée, ne fut pas sans éclat, enfin un Pénitencier militaire (1836), le château-vieux est voué aujourd'hui au culte de la science, sous le nom de *Musée des Antiquités Nationales*. Sa restauration commencée, il y a quelques années, par MM. Millet et Laffolye, se poursuit actuellement sous la direction de M. Daumet. On a pour but de lui rendre l'aspect qu'il avait au XVIe siècle, après la reconstruction générale par François Ier.

Façades nord, nord-est, sous François Ier, d'après la restauration par M. Millet.

Non loin du château-vieux, c'est-à-dire à trois cents mètres, s'élevait une autre Maison royale, terminée par Henri IV, vers 1603. On la nommait le *Château-neuf*. C'est là que mourut Louis XIII (14 mai 1643), que naquit et fut ondoyé Louis XIV (5 septembre 1638). L'entrée principale était décorée d'un portail soutenu par douze colonnes d'ordre toscan, et sur le fronton apparaissaient les armes de France et de Navarre, surmontées d'une épée, avec cette devise : *Duo protegit unus* (1). Une vaste salle, séparant les deux corps de bâtiments, menait à des terrasses qui s'étageaient jusqu'à la Seine et dans lesquelles étaient répandus à profusion, des jardins, des bosquets, des bassins et des grottes aux ornements les plus variés. Une gravure d'Israël Silvestre (1640), représentant ce château, porte le quatrain suivant :

« Je suis ce Saint-Germain, dont la voix de l'histoire,
« Dira, malgré le temps, des louanges sans fin,
« Je suis le non pareil, mais ma plus grande gloire,
« Me vient d'avoir vu naître un illustre dauphin. »

Les splendeurs de cette résidence que les auteurs du temps ont célébrée, comme la hui-

---

(1) Allusion aux deux royaumes.

tième merveille du monde (1) durèrent à peine un siècle. Délaissée pour Versailles en 1682, négligée sous Louis XV, devenue en 1776 propriété du comte d'Artois (plus tard Charles X), elle fut détruite pour être relevée sur un nouveau plan ; mais les travaux interrompus quelque temps avant la Révolution, ne furent jamais repris ; ils tombèrent en ruines, et du châteauneuf tant vanté, il ne subsiste guère plus que les fragments de quelques terrasses avec leurs murs de soutènement, et un pavillon dont on a fait un *Hôtel-Restaurant*, connu sous le nom de Pavillon Henri IV.

Avant de terminer ces *Préliminaires*, un mot à l'adresse d'un archiviste non moins bienveillant que distingué, M. Alph. O' Kelly de Galway, secrétaire de l'Association artistique et littéraire de Saint-Patrice. Qu'il veuille bien accepter ici l'expression de notre gratitude pour divers documents dont il s'est empressé de nous donner communication. Merci encore à un artiste très connu à Saint-Germain-en-Laye, M. L. Bichon, qui a photographié à la Bibliothèque Nationale, Département des Estampes, les portraits que nous reproduisons.

Cela dit, entrons en matière.

---

(1) Voir André Duchesne, *Antiquités et Recherches des Villes, Châteaux et Places de France;* l'auteur de l'*Espion Turc*, en 1644.

CAPITAINES ET GOUVERNEURS,

DE

SAINT-GERMAIN-EN-LAYE

I

ETIENNE.

Bien que la Maison royale de Saint-Germain-en-Laye fût déjà debout en 1124 (1), c'est à partir du XIII° siècle seulement, qu'il nous a été possible de retrouver les noms de ses premiers capitaines. Sous le règne de Louis VI, dit le Gros (1108-1137), deux personnages, *Albericus* et *Racherius,* jurèrent sur les saints Evangiles

---

(1) Un diplôme du roi Louis VI, en date de l'an 1124, porte textuellement : Actum apud Sanctum Germanum de Laia, in palatio nostro. (*Cartulaire de Saint-Germain-en-Laye,* Archives Nat. cote T *étoile* 671°, fol. 6; Dom Martène, *Amplissima collectio,* tome 1, page 683; *Gallia Christiana,* tome VIII. Instrumenta, col. 524; Bréquigny, *Table chronol. des diplômes,* tome 11, page 524.

de garder avec fidélité, terres, prés, vignes, revenus et moulins de Saint-Germain-en-Laye : *Omnia quæ sunt sancti Germani, terras, prata, vineas, redditus, molendinos* (1); mais Aubry et Rahier s'intitulaient *Majores* (Maires) et non pas *Capitanei* ou *Consergii*. N'oublions pas qu'il y avait alors synonymie entre ces deux derniers titres (2). Les Seigneurs de Meudon, qui n'ont laissé aucune trace dans leur pays d'origine, avaient fait de Saint-Germain-en-Laye leur résidence habituelle ; à quatre d'entre eux, comme on le verra plus loin, fut successivement confiée la garde du Château et de ses dépendances. Ne serait-ce pas à leur famille qu'appartiendraient ces *Capitanei* dont, jusqu'à ce jour, nous avons vainement cherché les noms ? Quoi qu'il en soit, le premier capitaine dont nous constatons l'existence d'une façon authentique, se nommait *Etienne*. Le docte du Cange a dit : *Stephano concergio Sancti Germani in Laya*, mais sans donner aucune date ; il se borne à mentionner le cartulaire de l'abbaye de Saint-Wandrille (3). Or, voici l'acte que nous relevons dans ce car-

---

(1) *Cartulaire de Saint-Germain-en-Laye*, fol. 7.

(2) Voir ci-dessus nos Préliminaires. *Albericus* et *Racherius* paraissent avoir été les mandataires exclusifs du Prieuré de Saint-Germain-en-Laye, dont la fondation remontait à Robert le Pieux (996-1031).

(3) *Glossaire* de la basse latinité, voir au mot *Concergius*.

tulaire, dont nous avons eu la bonne fortune de trouver deux copies aux Archives départementales de la Seine-Inférieure : « L'an 1229, samedi, après la Saint-Luc, Etienne étant concierge de Saint-Germain-en-Laye, *Stephano concergio Sancti Germani in Laya*, Raoul, dit le Moine, a fait, du consentement de sa femme, vente d'une maison sise à *Marolium* (1). » Etienne figure encore avec Jean, abbé de Joyenval et conservateur des biens de l'église de Saint-Germain-en-Laye, dans une charte de l'an 1229, mois de décembre : *Johannes, abbas de Valle Gaudii, conservator bonorum ecclesiae Sancti Germani in Laya* et *Stephanus concergius Sancti Germani* (2).

Il est écrit dans les *Olim* : « Le concierge de Saint-Germain-en-Laye fit abattre, en 1261, les fourches patibulaires que le prieur du lieu avait établies dans sa Justice, pour pendre un voleur qu'il avait saisi ; mais le prieur fit appel au Par-

---

(1) Cartulaire du xvme siècle, fol. 1323. Voir aux mêmes Archives un autre Cartulaire de l'abbaye de Saint-Wandrille, xviiime siècle, tome III, page 1662.— Le *Marolium* dont parle cette charte, est Mareil-Marly dans le canton de Saint-Germain-en-Laye.

(2) *Cartulaire de Saint-Germain-en-Laye*, fol. 10. — L'abbaye de Joyenval, *Vallis Gaudii*, de l'ordre des Premontrés, dans le territoire de Chambourcy, *Campus Bruarius* (Champ des Bruyères), avait été fondée en 1221, par Barthelemy de Roye, chambrier de Philippe Auguste. Voir *Gallia Christiana*, tome 1, col. 1219.

lement, et, lecture faite de sa charte, il fut maintenu dans ses droits : *Cum prior Sancti Germani in Laia fecisset furcas in Justicia sua apud Sanctum Germanum, ad suspendendum quemdam latronem quem tenebat, Conciergius Sancti Germani eas diruit, quia nunquam eas habuerat ibidem alias dictus prior; audita charta ipsius prioris, deliberatæ sibi fuerunt furcæ suæ* (1). » Quel pouvait être le nom de cet audacieux capitaine? Les *Olim* disent tout simplement *Conciergius*; le cartulaire de Saint-Germain-en-Laye (2), l'abbé Lebœuf (3), et Boutaric (4), lesquels ont reproduit ce même arrêt, ne précisent pas davantage. D'après une note qu'a bien voulu nous communiquer l'honorable et distingué président de la Société des Etudes du Vexin (5), ce concierge ne serait autre que notre Etienne, c'est-à-dire, celui-là même dont nous avons signalé l'existence dès 1229; il aurait été enseveli dans l'abbaye de Maubuisson, qui le comptait au nombre de ses bienfaiteurs (6). Dans ce cas,

---

(1) *Olim* ou *Arrêts du Parlement*, par le comte Beugnot, tome I, page 516. — Ces fourches patibulaires dressées d'abord sur la route de Poissy, au Clos-Victor, seront transportées plus tard près du village de Fourqueux.

(2) Folio 6; (3) *Histoire du diocèse de Paris*, tome VII; (4) *Actes du Parlement*, tome I, n° 588.

(5) M. J. Depoin.

(6) Maubuisson, célèbre abbaye des Bernardines dans le Vexin français, fondée par la reine Blanche, mère de Saint-Louis, laquelle y mourut en 1252.

nous inclinerions à l'identifier avec cet Etienne de Meudon qui, en 1264, abandonna à l'abbaye de Saint-Germain-des-Prés, en échange de quelques terres, tous ses droits de grucrie sur des bois situés dans la châtellenie de Paris (1).

---

(1) L'abbé Lebœuf mentionne aussi, en 1236, un *Etienne* de Meudon qui vendit à Simon, abbé de Saint-Germain des Prés, la grange de Villebon et le droit de pressurage sur les pressoirs de Voües. *(Hist. du diocèse de Paris,* tome VIII, page 371).

II

ROBERT, HENRI,
JEAN I et JEAN II DE MEUDON.

Meudon, commune de Seine-et-Oise (arrondissement de Versailles), que divers auteurs ont cru pouvoir identifier avec la bourgade gauloise de *Metiosedum* (1), a eu des seigneurs dont l'origine remonte au xiie siècle ; ils portaient : *Gironné d'or et de gueules de douze pièces, brisé d'un lambel d'argent*. Les premiers connus sont *Erkembold* et *Mathieu* (2) ; viennent ensuite *Pierre, Amaury* et *Etienne*. Ce dernier vendit, en 1236, à Simon, abbé de Saint-Germain-des-Prés, certains droits qu'il possédait à Voües et à Villebon (3). De cette famille étaient issus Robert, Henri, Jean I et Jean II, qui furent successivement capitaines de Saint-Germain-en-Laye.

---

(1) Samson et de Valois sont de cet avis ; l'abbé Lebœuf, dans son *Hist. du diocèse de Paris*, est d'une opinion contraire.

(2) Erkembold est mentionné, en 1180, dans une charte de Maurice, évêque de Paris, et Mathieu, dans une lettre du même prélat, en date de l'an 1196.

(3) Lebœuf, *Hist. du diocèse de Paris*, tome VIII, page 371 ; vicomte de Grouchy. *Meudon, Bellevue*, 1893, in-8°.

TOMBEAU DE ROBERT DE MEUDON, CAPITAINE
de Saint-Germain-en-Laye, et de sa femme Ameline, dans l'église du
Prieuré d'Hennemont (Biblioth. Nation., Département des
Estampes, Collection Gaignière.)

I

Robert de Meudon.

Selon l'abbé Lebœuf, Robert de Meudon se trouve qualifié *concierge de Saint-Germain-en-Laye* et *panetier* de Philippe-le-Bel, dans un acte de l'an 1307 (1). La remarque est fort juste ; nous ferons cependant observer qu'il portait le deuxième titre, déjà depuis plusieurs années ; et en effet, on lit dans une ordonnance royale de 1290, semaine avant la Chandeleur, que Robert de Meudon aura en qualité de panetier *III sols de gaiges par jour, III provendes d'avoine, II valets mangeans à cour, vin et chandelle, comme il est accoutumé.* Il était également panetier en 1303, quand il vendit à Quocatrix, échanson du roi, pour la somme de trois cents livres tournois, le four banal et la maison qu'il possédait au lieu de sa naissance (2).

Philippe-le-Bel lui donna, en 1294, plusieurs terres situées à Charlevanne (3), et, en 1302, un

---

(1) *Hist. du diocèse de Paris*, tome VIII, page 372.

(2) Dom de Villevielle, *Trésor généalog*, tome 58, Biblioth. Nat.

(3) Charlevanne, près Rueil, ainsi dénommé d'une vanne ou pêcherie dont l'origine remontait à Charles Martel. Voir la preuve de ce fait dans l'*Hist. de Saint-Germain-en-Laye*, par A. Gougon, 1829, in-8°, page 314.

mas à Saint-Germain-en-Laye, pour y bâtir une maison; en 1306, mois d'avril, il lui assigna une rente en grains sur les greniers de Poissy, au lieu d'une rente de cinquante livres qu'il prenait sur le trésor (1). Il mourut en 1320, et sa dépouille mortelle fut transportée dans l'église d'un prieuré du voisinage, celui d'*Hennemont*, devant la chapelle du bienheureux Thibaut de Marly (2). Sur sa tombe était représenté un guerrier, la tête nue et les mains jointes; à son épée pendait un bouclier d'or au lambel de quatre pendants, chacun chargé de trois besants. L'épitaphe portait ces mots : *Cy gist Monseigneur Robert de Meudon, jadis chevalier nostre sire le roy, consierge Saint-Germain-en-Laye, qui trépassa l'an MCCCXX, la vigille Saint Jean-Baptiste. Priez pour li* (3). Dans la même tombe sera inhumé, huit ans après, le

---

(1) Anselme, *Histoire Généalog. et Chronolog. de la Maison de France*, tome VIII, page 606.

(2) Hennemont, Hanemont, Anemont et Hannidum, aujourd'hui dans la commune de Saint-Germain-en-Laye. En 1140, le roi Louis VII avait accordé à Barthelemy de Fourqueux des coutumes sur les hommes d'Anemont. — Un prieuré de l'ordre du Val-des-Ecoliers fut fondé en ce lieu (1308) par Perrenelle de Géry, gouvernante des enfants d'Isabelle d'Aragon. Il ne reste plus rien de ce prieuré; mais on en trouve une très intéressante *notice* dans le *Bulletin de la Société d'horticulture de Saint-Germain-en-Laye*, tome I, page 505.

(3) *Collection Gaignière*, Biblioth. Nat. départem. des Estampes, n° 3978, fol. 17.

corps de son épouse, dame Ameline. Quelques auteurs ont fixé en 1320 le décès de cette dernière, mais c'est une erreur; elle ne cessa de vivre que l'an 1328, comme nous l'apprend l'inscription ci-après : *Cy gist madame Ameline, jadis femme Monseigneur Robert de Meudon, chevalier nostre sire le roy et consierge de Saint-Germain-en-Laye, qui trépassa l'an MCCCXXVIII, la veille de la conversion de Saint Paul* (1).

Enfants de Robert et de Ameline :

Robert, écuyer. — Louis le Hutin lui donna, au mois d'avril 1315, en considération de ses services, un arpent de bois, dans la forêt de Laye; mort à la fleur de l'âge, en 1325, il eut sépulture dans le prieuré d'Hennemont. Sa pierre tombale a été transportée à l'Hôtel-de-Ville de Saint-Germain (escalier de la bibliothèque). De l'inscription qui l'accompagne, on déchiffre à peine quelques mots; mais en voici l'exacte et complète lecture : *Ici gist Robert de Meudon, escuyer, ainné fils de feu Monseigneur Robert de Meudon, escuyer, qui trépassa l'an de*

---

(1) *Idem.* Voir aussi Lebœuf, *Histoire du diocèse de Paris*, tome VIII, page 372; Anselme, *Maison de France*, tome VIII, page 606.

grace MCCCXXV, *le lendemain de la Saint-Jean-Baptiste. Priez pour lame de li* (1).

Henri, capitaine de Saint-Germain-en-Laye, dont suit la notice.

Jean, chanoine de Noyon, lequel par testament de l'an 1343, légua aux Chartreux de Paris, une maison sise au Val de Meudon.

Garnier de Meudon, maître des requêtes en 1369, pourrait être aussi, selon l'abbé Lebœuf, fils de Robert et d'Ameline (2).

2

Henri de Meudon.

Deuxième fils de Robert et d'Ameline, qualifié *Venator* dans deux actes, dont l'un est de l'an 1313 et l'autre, de 1315, il reçut de Philippe le Long, 18 décembre 1319, cent livres de rente sur le bailliage de Gisors, durant sa vie entière. En 1321, il fut créé *grand veneur de France*, avec l'autorisation de prendre son chauffage dans la forêt de Laye, pour sa maison de Saint-Germain, dont il devint capitaine

---

(1) *Collection Gaignière*, n° 3979, fol. 18. Voir aussi *Capitainerie de Saint-Germain*, par Antoine, garçon ordinaire de la chambre de Louis XIV.

(2) *Histoire du diocèse de Paris*, tome VIII, page 372.

TOMBEAU DE HENRI DE MEUDON, CAPITAINE
de Saint-Germain-en-Laye, dans l'Eglise du Prieuré d'Hennemont.
(Biblioth. Nat. Collection Gaignière.)

vers 1327 (1). Dans un acte daté de ce lieu, 1er août 1339, il porte le titre de *maistre et enquesteur des eaux et forêts du Roy pour tout son royaume* (2). A ce sujet nous placerons ici une note qui nous semble avoir une certaine importance : On a beaucoup disserté sur l'époque où furent institués les grands maîtres des eaux et forêts du roi. Selon les uns, cette charge aurait été remplie pour la première fois, en 1357, par Robert de Cocteletz; d'autres indiquent, en 1366, Jean de la Hue, comme étant *primus inquisitor et magister aquarum et forestarum regis in toto regno Franciae;* mais Robert de Cocteletz et Jean de la Hue durent avoir des prédécesseurs dans cette haute dignité, puisque notre capitaine, Henri de Meudon, en était déjà investi dès l'an 1339.

Henri de Meudon, décédé en 1344, fut enseveli, à l'exemple de ses prédécesseurs, dans le prieuré d'Hennemont. Sur la pierre qui recouvrait ses restes, on avait représenté un chevalier, armé de pied en cap, la tête nue et les mains jointes; à son épée pendait un écu d'or, chargé d'un lambel de trois pendants, chacun orné de trois croisettes pattées, avec cette épitaphe :

---

(1) Il obtint aussi en 1328 la permission de prendre une certaine quantité de bois dans la forêt de Cruye (Marly), pour réparer les maisons qu'il possédait au dehors de Saint-Germain-en-Laye.

(2) Anselme, *Maison de France*, tome VIII, page 684.

Cy gist Monseigneur Henri de Meudon, chevalier qui trépassa la veille de Saint-Germain, au mois de may, l'an de grace mil trois cens quarante et quatre. Priez pour lame, que Dieu bonne merci li face. Amen (1).

Il avait passé avec les religieux d'Hennemont un contrat par lequel ces derniers s'engageaient à lui faire ainsi qu'à ses héritiers directs, une rente annuelle, à cause d'un hôtel à eux légué par sa famille et situé à Migneaux, dans le voisinage de Poissy. De sa femme, Perenelle de Maussigny, étaient nés *Jean*, dont suit la notice, et une fille, *Philippine*, mariée au chevalier Jean de Géry (2).

3

Jean I de Meudon.

Fils du précédent, il fut à la fois capitaine et gruyer de Saint-Germain-en-Laye (3). Au mois d'avril 1346, Philippe VI de Valois lui donna décharge complète de tout ce que son père pou-

---

(1) *Collection Gaignière*, Biblioth. Nat. départem. des Estampes, n° 3980, fol. 19.

(2) Ce dernier était parent de Renaud de Géry, premier maître des Eaux et Forêts, mort en 1355.

(3) Anselme, *Maison de France*, tome VIII, page 686.

vait devoir en fait de vénerie. Nommé par Jean-le-Bon, grand maître des eaux et forêts à la place de Renaud de Géry, puis gouverneur d'Evreux (1), il reçut l'ordre, vers 1357, de fortifier le château de *Sainte-Gemme*, alors faible et privé de ressources : *Castrum de Sancto Jamma vacuum tunc et debile* (2). En 1367, il fut chargé de réparer les fossés et les retranchements de celui de Saint-Germain, avec une largeur de cinquante pieds autour : *Nos commisimus eidem ut fossata et vallata latitudine 50 pedum faceret fieri in ambitu castri nostri de Sancto Germano in Laya* (3). Il s'y trouvait, en mars 1369, avec six hommes d'armes et six arbalétriers (4) ; ses gages,

---

(1) Voir *Chronique Normande* du xivme siècle, édit. Emile Molinier, page 127.

(2) *Sainte-Gemme*, alias *Saint-Jammes* et *Sainte-James*, village de la commune de Feucherolles, canton de Marly-le-Roy ; il ne reste plus rien de ce château, près duquel était une chapelle sous le vocable de *Sainte-Gemme*, dont la fête se célébrait le 16 août, avec un nombreux concours de fidèles, venus des paroisses voisines, principalement de Saint-Germain-en-Laye *(Commission des Antiq. et Arts de Seine-et-Oise*, xiime vol., page 73.)

(3) *Collection Gaignière*, n° 17048, charte du roi Charles V. — L'année précédente, il avait reçu pour la défense de ce *même château*, de Richard de Brumare, garde du Clos des Galères à Rouen, *douze arbalestres d'if, douze bandses* (baudriers), *douze prenes* (fourrures) *et six milliers de viretons* (flèches).— (Biblioth. Nat. *Pièces origin.* Registre 1954.)

(4) *Mandements et Actes de Charles V*, par L. Delisle, page 332.

en ce moment, de mille francs d'or, réduits ensuite à six cents, n'étaient plus, en 1370, que de trois cent cinquante francs, comme nous l'apprenons d'une de ses quittances dont suit la teneur : « *Sachent tous que Jehan de Meudon, chevalier, capitaine et chastelain de Saint-Germain-en-Laye, confesse avoir eu et reçu de Jehan Bussier, receveur général des aydes ordonnées pour le fait de la guerre, la somme de six vins et quatorze francs d'or, pour mes gaiges au prêt de III C. cinquante francs d'or par an, sur l'année qui commença premier jour d'avril MCCCLXX et qui fermera le premier jour d'avril MCCCLXXI, après Pasques, de laquelle somme de six vins quatorze francs je me tieng pour bien content, payé et en quicte le roy, nostre Seigneur, ledit receveur et tous aultres, Donné sous mon scel, le 24 février 1371* (1).

Mort en 1381, il fut, lui aussi, inhumé dans l'église d'Hennemont, où il avait fondé une chapelle, de concert avec sa première épouse, dame Jacqueline, veuve de Manessier, seigneur de Vé. Cette dernière ne lui donna pas d'héritiers, mais de son deuxième mariage avec

---

(1) Biblioth. Nation. *Pièces origin.* Reg. 1954. — Cette quittance et autres que Jean de Meudon donna le 26 octobre 1373, le 4 décembre 1377 et le 8 juillet 1379, sont munies d'un sceau où est représenté un chevalier, armé de toutes pièces, la visière du heaume baissée, et tenant à la main gauche un écu gironné de six pièces avec un lambel de trois.

Mahaut Flotte de Revel, veuve de Jean de Marly, seigneur de Picauville, il avait eu Jean, dit Bureau, et une fille, Marguerite, laquelle épousa Jean ou Adam de Gaillonet, chevalier, chambellan du roi Charles VI (1).

4

Jean II de Meudon, dit Bureau.

Fils de Jean I de Meudon et de Mahaut Flotte de Revel, *Jean II* dit *Bureau*, d'abord échanson du roi Charles V, est mentionné dans un acte passé, le 6 octobre 1373, entre ses parents et les religieux d'Hennemont, au sujet de l'hôtel de Migneaux (2). Successeur de son père, en 1381, dans la charge de capitaine de Saint-Germain-en-Laye, il plaida l'année suivante, conjointement avec sa mère, contre les communes de Houilles, Montesson, Bezons et

---

(1) Lebœuf, *Histoire du diocèse de Paris*, tome VIII, page 372; Anselme, *Maison de France*, tome VIII, page 686; *Mémoires de la Société de l'Histoire de Paris et de l'Ile de France*, tome XVII, page 352.

(2) Migneaux, une dépendance de Poissy, est renommé par ses nombreuses sources d'eau.

Carrières-Saint-Denis (1). Le 11 décembre 1386, il signa une quittance de gages où il se qualifie *Gruyer* de la forêt de Laye et dont le sceau représente un homme d'armes tenant un écu *gironné de douze pièces au lambel, à l'écusson en abîme, avec deux fasces à la bordure* (2). Il est encore fait mention de sa personne dans une charte du 22 février 1390, ayant pour titre : *De emolumentis Receptæ villæ et vicecomitatus Parisius*. Nous en détachons les lignes suivantes : « XXIII librorum, V solidorum parisiis computis per Burellum de Meudon, conciergium castelli Sancti Germani in Laya (3). » D'après le père Anselme, il serait mort sans postérité en 1395, laissant sa sœur, Marguerite, héritière de tous ses biens. Un historien moderne lui donne pour épouse, dame Isabelle de Sivry.

---

(1) Anselme, *Maison de France*, tome VIII, page 686. Ces communes demandaient à s'affranchir du gué qu'elles devaient au château de Saint-Germain. Elles sont comprises aujourd'hui dans le canton d'Argenteuil, sauf celle de Montesson, qui en a été distraite en 1895, pour être annexée au canton de Saint-Germain.

(2) Demay, *Sceaux de la collect. Clairambault*, tome I, n° 6055.

(3) Biblioth. Nat. *Journal du Trésor de France*. Voir aussi Archiv. Nat. KK. 13, fol. 19, document cité par M. Stein, dans *Commission des Antiq. et Arts de Seine-et-Oise*, 1889, vol. IX, page 127.

III

SAUVAGE DES BOUES,
JEAN ET COLLARD DE CALLEVILLE.

Après *Jean II de Meudon*, dit *Bureau*, nous trouvons, comme capitaine et gruyer de Saint-Germain-en-Laye, *Sauvage des Boues*, chevalier qui faisait partie de la *Cour amoureuse* du roi Charles VI; il portait : *D'azur à cinq fasces d'argent en bande* (1). Il eut pour successeur dans la capitainerie de Saint-Germain, *Jean de Calleville*, chevalier, seigneur de Douville, chambellan de Charles VI et de Louis, duc d'Orléans.

Jean de Calleville fut installé par le prévôt de Paris, le 28 janvier 1413 (2). Deux ans après, on le chargea d'une mission secrète, dont le but était de secourir la ville d'Harfleur. Nous lisons dans une de ses quittances : « Sachent tous que « je *Jean de Calleville*, confesse avoir reçu du

---

(1) *Armorial de la cour de Charles VI*, Biblioth. Nat. Mss. français, n° 10469.

(2) *Mandement de Charles VI*, cité dans catalog. Charavay, *Autographes*, 18 mars 1885. Voir aussi *Mémoires de la Société des Etudes du Vexin*, tome XIII, page 93.

« sieur Marquez, receveur des aydes à Rouen,
« 180 livres pour mon voyage de 18 jours, pour
« aller hativement par l'ordonnance de Monsieur
« le Connétable de France (Charles, sire d'Al-
« bret), de Monsieur le mareschal de Boucicaut
« et des gens du roy, audit Rouen, à lettres
« closes d'eulx, et de Rouen en Bretagne, devers
« le duc et l'admiral du pays, pour avoir navire
« et faire guerre par mer aux Anglais, tenans le
« siège devant Harfleur, et pour son retour
« audit Rouen, de laquelle somme je me tieng
« pour content et bien payé. Donné soubz
« mon seel et seing manuel, le 18 septem-
« bre 1415 (1) ». Il portait : *D'argent à trois
molettes d'éperons de gueules.* En 1404, il avait
eu diverses contestations avec les bénédictins de
l'abbaye de Fécamp.

Un autre personnage de la maison de Calleville, dont le prénom était *Collard,* fut aussi
gardien, concierge et capitaine du château et de
la forêt de Saint-Germain : *Dominus Collardus
de Calleville, miles, institutus et ordinatus
custos, conciergius et capitaneus castri et forestiæ
Sancti Germani in Laya* (2). Chambellan de
Charles V, puis de Charles VI, bailli de Sens

---

(1) Biblioth. Nat. *Pièces originales,* n° 573. Malgré
toutes ces précautions, les Anglais s'emparèrent d'Harfleur, mais cette conquête leur coûta fort cher. *(Histoire
d'Angleterre,* par le baron de Roujoux, tome II, page 242).

(2) *Extrait de la Chambre des Comptes,* note commu-
niquée par M. le comte de Pange.

et d'Auxerre où il eut pour lieutenant Jean de Savigny, d'un parfait dévouement envers le dauphin Louis, seigneur de Damuin (Somme, arrondissement de Montdidier), possesseur de la terre de Cailly au bailliage de Rouen et d'un fief de Haubert, dont le chef était sis à Heudelimont (arrondissement de Dieppe) (1), *Collard de Calleville* fut, dit-on, assez riche pour faire un prêt de 4,000 francs d'or au duc d'Anjou, quand celui-ci entreprit la conquête du royaume de Sicile. Dans ses propriétés étaient des moulins dont l'exploitation donna lieu à un procès entre lui et le seigneur de Villers-Bretonneux (2). Il nous reste de *Collard de Calleville* deux quittances ; l'une est datée du 4 juillet 1395 ; il s'y qualifie chambellan du roi, bailli de Sens et d'Auxerre ; l'autre (11 juillet 1380) est munie d'un sceau avec écu portant *trois étoiles à la bordure engrelée, timbré d'un heaume cimé de deux pieds de cheval* (3). De sa famille était *Georges de Calleville*, panetier de Louis de France. On trouve aussi, sous le règne de

---

(1) Les *fiefs de Haubert* obligeaient ceux qui les possédaient, d'aller servir le roi à la guerre, avec droit de porter le haubert, sorte de cotte de mailles.

(2) Voir notice de Collard de Calleville, par H. Moranvillé, *Songe véritable*, pamphlet politique d'un parisien du xvme siècle, dans *Mémoires de la Société de Paris* et de *l'Isle de France*, tome XVII, page 328.

(3) *Inventaire des Sceaux de la Collect. Clairambault*, par G. Demay, tome I, page 187.

Charles V, un Philippart de Calleville, qui reçut, le 8 février 1364, une rente de 600 livres parisiis, sur les vicomtés de Rouen, de Caudebec, de Montervillers et d'Arches, et, le 6 mars 1377, une somme de 1,000 francs d'or pour récompense de ses services (1).

Les seigneurs de Calleville descendaient de l'ancienne Maison de *Dyel* ou *Diel* (Normandie), laquelle portait : *D'argent au chevron de sable, accompagné de trois trèfles d'azur* (2).

---

(1) *Actes et Mandements de Charles V*, Léopold Delisle, 1874.

(2) De cette Maison sont également sortis les Diel de Miroménil et les Diel des Hameaux.

IV

LOUIS, DAUPHIN DE FRANCE, DUC DE GUIENNE.

Né à Paris, en l'hôtel de Saint-Pol, le 22 janvier 1396, *Louis, dauphin de France*, était fils du roi Charles VI et d'Isabeau de Bavière ; baptisé, le lendemain de sa naissance, par Jean de Noyon, archevêque de Vienne, il eut, pour nourrice, Isabelle la Ligière. Duc de Guienne, pair de France, marié à noble Marguerite de Bourgogne (1), régent avec sa mère en 1408, il fit ses premières armes aux sièges d'Etampes (1410) et de Dourdan (1411). Le 9 avril 1415, il *tenait les charges de capitaine et garde du chastel de Saint-Germain-en-Laye et de Fresnes, aussi bien que les offices de concierge du palais du roi à Paris et de capitaine et garde du chastel de Rouen* (2). Mort à Paris, la même année, au mois

---

(1) Fille du comte de Nevers (Jean-sans-Peur), elle épousa, en secondes noces, Arthur de Richemont, le futur connétable de France.

(2) Anselme, *Maison de France*, tome I, page 112.

de décembre (1), il aurait été inhumé, selon
quelques auteurs, dans l'église de Notre-Dame,
auprès du grand autel, sous la réserve toutefois
qu'il pourrait être réclamé, quand le roi le
jugerait à propos, pour être transféré en l'abbaye
de Saint-Denis (2). « Il était bel de visage, suffi-
« sant, grand et gros, volontaire et moult
« curieux à magnificence d'habits et de joyaux,
« désirant grade d'honneurs et grand dépensier
« à ornements de sa chapelle privée; moult
« grand plaisir avoit à sons d'orgues. Il avoit
« bon entendement tant en latin qu'en français,
« mais il l'employait po, car sa condition estoit
« d'employer la nuit à veiller et le jour à dormir;
« dinoit à trois ou quatre heures après midi et
« soupoit à minuit et alloit coucher au point du
« jour ou au soleil levant (3) ». Mais s'il eût
vécu plus longtemps, disaient ses familiers, il
se serait distingué, entre tous les princes de
son époque, par son empressement à doter les
églises de précieux ornements; il avait déjà
ramassé de grosses sommes d'argent et mandé
les plus habiles ouvriers pour faire bâtir à Paris
une église où il devait placer des religieux

---

(1) Les auteurs varient sur le quantième; les uns disent 16, les autres 18 décembre.
(2) *Chronique du Religieux de Saint-Denys*, tome V,
chap. XIV, page 587. — D'après Monstrelet, il aurait été
porté immédiatement à Saint-Denis.
(3) *Extrait des Registres du Parlement*, reproduit par
Anselme, *loco citato*.

chargés de prier tous les jours à son intention. Sa mère, Isabeau, affectionnait particulièrement la résidence royale de Saint-Germain; il est écrit dans un document conservé à la Bibliothèque nationale que l'on y effectua plusieurs travaux, pour le compte de cette reine et que son chapelain, messire Jean Poncin, y fit transporter les orgues qui se trouvaient en la chapelle de Vincennes (1). Un jour qu'elle se promenait dans la forêt de Laye, en sa litière, accompagnée du duc d'Orléans, à cheval, un furieux orage ayant éclaté, le duc s'abrita de la pluie, en montant dans la litière. A peine y fut-il entré que les éclairs et le tonnerre firent aux chevaux une peur effroyable; ils descendirent vers la Seine, avec une rapidité extrême, sans que rien pût les arrêter, mais par un bonheur inespéré, le conducteur parvint à couper les traits, au moment où la litière allait être précipitée dans le fleuve (2).

---

(1) *Menus plaisirs de la reine Isabelle*, KK. 49, fol. 19.
(2) *Chronique du Religieux de Saint-Denys*; Barante, *Histoire des Ducs de Bourgogne*, 1854, tome I, page 366.

V

JEAN DE GUIRY, dit LE GALLOIS.

La famille de Guiry comptait parmi les plus anciennes du Vexin français. Louis de Guiry, surnommé le Champenois, fut grand chambellan du roi Louis-le-Bègue et lieutenant du comte de Blois. C'est un Guiry qui, à la tête de la noblesse de son pays, suivit Godefroy de Bouillon à la conquête de la Terre-Sainte (1). De cette famille descendait *Jean de Guiry*, dit *le Gallois*, lequel succéda, le 9 novembre 1415, au duc de Guienne, dans le gouvernement de Saint-Germain-en-Laye (2); comme Sauvage des Boues, dont nous avons parlé ci-dessus, il faisait partie de la cour amoureuse de Charles VI; l'armorial de cette cour lui donne pour armes : *D'argent à trois quintefeuilles de sable* (3). Il fut gouverneur jusqu'en 1417, année où nous voyons Jean-sans-Peur, duc de Bourgogne, s'emparer de la Maison

---

(1) Voir *Mercure* de France, 1724, juillet, page 637.
(2) *Extrait de la Chambre des Comptes*.
(3) Biblioth. Nat., Mss. français, n° 10469.

royale de Saint-Germain, y mettre garnison et de là, marcher sur Poissy, qu'il occupe sans coup férir : *Dux Burgundiæ regium locum Sancti Germani in Laya occupavit ; tunc loco munito gente sua, die sequenti Pontem Poissiaci super fluvium Secanæ constructum sine resistancia occupavit* (1).

---

(1) *Chronique du Religiéux de Saint-Denys*, tome VI, page 119.—Voir aussi *Histoire de Charles VII*, par Vallet de Viriville, tome I, page 67

VI

JEAN GRAY.

Après l'assassinat de Jean-sans-Peur à Montereau (1419), une ligue plus étroite et plus violente s'étant formée entre les Bourguignons et Henri V, roi d'Angleterre, ce dernier, déjà maître des deux Vexins, s'empara de Meulan, de Poissy, de Gisors, puis de Saint-Germain-en-Laye (1) dont il confia le gouvernement, par lettres signées à Mantes, au chevalier *Jean Gray*, avec ample pouvoir de recevoir en grâces tous ceux qui, des châtellenies et domaines de *Saint-Germain*, de Poissy et de Montjoie (2), consentiraient à reconnaître l'autorité du nouveau souverain et à devenir ses *hommes liges*; après

---

(1) Vallet de Viriville, *Hist. de Charles VII*, tome I, page 189.

(2) Le château de Montjoie, situé dans la forêt de Cruye (Marly-le-Roy), non loin de l'abbaye de Joyenval, a eu des seigneurs particuliers dès le xiiime siècle. Sa tour subsistait encore en 1665. Aujourd'hui il ne reste plus rien de ce château.

qu'ils auraient prêté serment de *ligence* (1), Jean Gray devait leur accorder des sauf-conduits (*Bilnetas*) revêtus de ses armes, mais dont la durée dépendrait du bon vouloir de Henri V. Voici le texte de ces lettres :

« Rex dilecto et fideli suo
    Johanni Gray, salutem,
Scientes quod nos de fidelitate et circumspectione vestris plenius confidentes, damus vobis plenam, tenore præsentium, potestatem et auctoritatem ad recipiendum et admittendum in gratiam et obedientiam, nostros omnes et singulos de *Castellaneis* et *dominiis Sancti Germani*, Montjoie et Poissy, qui ligei et subditi nostri devenire voluerint, et eos super sacramentis fidelitatis et *Ligeantive*, nobis debitis, onerandum; ac præstitis hujus modi sacramentis, eis et eorum cuilibet *bilnetas* (2), sigillo vestro consignatas, tradendum et liberandum, quandiù regi placuerit, duraturas. Teste rege, apud Villam suam de Mantes, VIII die novembris 1419 (3) ».

On lit aussi dans Rymer que Jean Gray,

---

(1) Ligeantiva, Ligantia, Legentia, Legeitas. C'était le droit que le seigneur avait sur son vassal: *Jus quod dominus habet in Vassallum* (du Cange, *Glossaire*.)

(2) *Bilnetas*, mot de la basse latinité, signifie sauf-conduit. Du Cange cite, à l'appui de cette interprétation, certains passages d'une charte anglaise.

(3) Reymer, *Fœdera, Conventiones*, 1740, tome IV, page 138.

Capitaneus Sancti Germani, fut chargé, avec Rodolphe Cromwel, de veiller à la conservation des trêves conclues à Mantes, concernant Paris et les environs. Devenu ensuite gouverneur d'Exmes, dans la vicomté d'Argentan (Normandie), il reçut, en récompense de ses services, les terres des Planches et de la Ferté-Fresnel. Une de ses quittances, en date du 6 Janvier 1434, est revêtue du sceau de ses armes : *De gueules, au lion d'argent, armé et lampassé d'or, à la bordure engrelée d'argent.* Cimier : *Un lion naissant d'argent, armé et lampassé d'or.* Supports : *Deux lions* (1).

---

(1) G. Demay, *Sceaux de la Collection Clairambault*, tome I, page 448.

VII

PHILIPPE BRANCHE.

Le 27 novembre 1422, *Philippe Branche*, donna, à Saint-Germain-en-Laye, dont il était capitaine, quittance de la somme de 120 livres tournois, qu'il avait reçue de noble Richard de Weydeville, écuyer, trésorier général de Normandie (1). L'année suivante, il joignait au commandement de cette place, celui de la forteresse de Montjoie, comme nous l'apprend une charte dont voici la teneur : « Sachent tous que nous *Philippe Branche, capitaine de Montjoie et de Saint-Germain-en-Laye*, confessons avoir eu et reçu de Pierre Sureau, receveur général des provinces de Normandie, la somme de deux cens livres tournois, en prest et paiement, sur ce qui nous peut estre deu des gaiges et regars de nous et des gens d'armes de trait de nostre compagnie, ordonnez pour la garde des ditz lieux de *Saint-Germain et de Montjoie*. Ce prest et paiement fait par vertu des lettres de garand de Monseigneur le Régent le royaume de

---

(1) Biblioth. Nat., *Pièces orig.*, registre 492.

France, duc de Bedfort, données le XIIIe jour d'avril dernier passé ; de laquelle somme nous nous tenons pour contens et en quictons le Roy nostre sire, Monseigneur le Régent, ledit Pierre Sureau et tous. En témoing de ce, j'ay scellé ces de nostre main, le Ier jour de May, mil CCCC vingt et trois (1) ». Cette charte, en parchemin, est munie d'un sceau rond, portant un écu chargé *d'un lion rampant, à la bande brochant, timbré d'un heaume de profil, orné de lambrequins et cimé d'un lion issant*. La légende est en partie détruite.

Philippe Branche présent, en 1426, au siège de Saint-James de Beuvron (2) et à celui d'Orléans (1429), fut fait prisonnier par Jeanne d'Arc à la bataille de Patay. Nous croyons pouvoir placer, au nombre de ses descendants, Charles Branche, sieur de La Fontaine, natif de la vicomté de Bayeux, auquel Louis XIV accorda, en 1653, des lettres patentes d'anoblissement.

---

(1) *Pièces origin.* déjà citées, registre 492.

(2) Les autres chefs anglais furent Thomas Ramston et Nicole Burdett. Les français, sous la conduite d'Arthur de Richemont, durent battre en retraite.

VIII

JEAN DE HANFORT.

Le 20 mars 1423, le duc de Bedfort, régent de France pour Henri VI, roi d'Angleterre, chargea Jean Midelstrete, capitaine de la Bastille, de veiller aux montres d'armes que devait faire *Jean de Hantfort,* écuyer, successeur de Philippe Branche, dans le double commandement de *Saint-Germain-en-Laye et de Montjoie* :

« Johannes, regens regnum Franciæ, dux Bedfordiæ, dilecto armigero, Johanni Midelstrete, capitaneo Bastelli, in vico Sancti Antonii Parisius, salutem,

Assignavimus vos ad monstra, sive monstrationes, militis nostri Johannis Hanfort, capitanei de Sancto Germano in Laia et de Montjoie, necnon hominum ad arma armatorum et sagittariorum qui sunt de retinencia sua.

Datum sub sigillo nostro, Parisius, vicessimo die mensis Marcii, anno domini quadringentessimo vicessimo tertio (1) ».

---

(1) Biblioth. Nat., *Quittances* et *Pièces diverses du règne de Charles VII*, n° 26047.

Présent au siège de Gaillon, puis, à la sanglante bataille de Verneuil (1), *Jean de Hanfort* donna, le 27 août 1424, une quittance de gages où il reconnaît avoir reçu la somme de deux cent vingt-six livres, dix-huit sols, deux deniers tournois, comme payement de *regars de lui, de quatre autres hommes d'armes à cheval, de trois hommes d'armes à pied et de vingt-huit archers de sa compagnie, destinés à la garde, sûreté et défense de Montjoie et de Saint-Germain-en-Laye.* Cette quittance est revêtue d'un sceau présentant un écu écartelé, *au 1 et 4, une croix cantonnée de quatre croisettes recroisetées, au 2 et 3, une fasce cotoyée de deux burelles et accompagnée de six merlettes, trois en chef, trois en pointe, penché, timbré d'un heaume cimé d'une tête de dame dans son vol, supporté par deux dames, sur champ réticulé*, avec la légende : *Sigillum Johannis Hanforte militis* (2).

En considération de ses services, Jean de Hanfort avait obtenu du roi d'Angleterre la seigneurie de *Maisons-sur-Seine* (3); capitaine du bois de Vincennes (1425), qualifié seigneur de Marly, dans l'hommage que lui rendit, en 1426, Guillaume Sanguin pour la terre de

---

(1) Robillard de Beaurepaire, *De l'administration de la Normandie, sous la domination anglaise*, in-4º, page 36.

(2) Biblioth. Nat. *Pièces orig.*, reg. 1473; G. Demay, *Invent. des Sceaux, Collection Clairambault*.

(3) Archiv. Nat. X[ia], 4794, fol. 195.

Meudon (1), capitaine du château de Rouen en 1429, bailli de Mantes (1430), lieutenant de la ville de Rouen en 1439 pour le sire d'Harcourt et le comte Dorset, il fut envoyé, au mois d'avril 1449, en qualité de négociateur, auprès de Charles VII, avec Jean Lenfant, docteur ès lois, président en la Cour du Conseil de Normandie. Le 25 janvier 1445, il avait donné une quittance de rançon revêtue d'un sceau où figurent les armes de Marly-le-Roy, mais dont la légende est en partie détruite. On y lit seulement : .... OHIS DE ..... NI ..... ALT ? Nous estimons qu'on pourrait la restituer ainsi : *Sigillum Johannis de Hanforte, Domini de Malliaco (Marly)*.

---

(1) L'abbé Lebœuf, *Histoire du Diocèse de Paris*, nouv. édit., tome III, page 123. — On lit aussi dans un acte du 11 décembre 1427, au sujet d'héritages sis au terroir de Meudon et dans le voisinage : *y fut reçu en foi et hommage par le sire de Marly et depuis que la terre de Marly vient en la main de messire Jehan de Hanforte*. (Archiv. Nat. X¹ª 475, fol. 181, communiqué par M. le comte de Pange.)

IX

ROBERT DE HARLYNG.

Robert de Harlyng, chevalier, commanda d'abord les passages de Poissy et de Meulan (1); il joignit ensuite à cette charge le double commandement de Montjoie et de Saint-Germain; ses gages annuels, pour la garde de ces deux dernières places, étaient de cinq cents livres tournois, payables par quartier, à partir de la fête de Saint-Michel, comme cela avait été convenu par *endentures*, faites entre lui et le duc de Bedfort (2). Au mois de novembre 1428, il fit montre d'armes à Poissy, en

---

(1) En cette qualité, il envoya au siège de Gaillon trois hommes d'armes à cheval, un à pied et douze archers; puis, à Ivry et à Verneuil (1424), vingt-sept archers et sept hommes d'armes.

(2) *Comptes de Normandie*, par P. Sureau, receveur général, Biblioth. Nat. *Mss. français*, reg. 4488, fol. 297. *Endentures*, en latin *Chartae indentatae*, étaient des contrats en parchemin, faits doubles sur une même feuille pliée, que l'on séparait par une découpure en forme de dents. Celui qui voulait se servir de son double, était obligé de faire voir que les endentures se rapportaient à l'autre original. (Dictionn. de Trévoux.)

présence de Guillaume Botton, capitaine de Mantes et de Jean Wenlok, contrôleur à Meulan ; mandé au siège d'Orléans, il y servit aux convois de l'armée anglaise, ayant sous ses ordres deux lances et six archers à cheval. De retour de la campagne de la Loire, vers la fin de février 1429, il fut remplacé, le premier juin suivant, par le chevalier Louis Despois, dans son triple gouvernement de Montjoie, de Saint-Germain et de Poissy. Capitaine d'Essaye en Normandie (1431), maître des eaux et forêts du bailliage d'Alençon (1432), il dut mourir peu de temps après ; car sa femme, Jeanne, se dit veuve, le 16 novembre 1435, dans un acte où elle constitue pour ses mandataires, nobles Jean Clifton, Jean Hanforte et Jean Clay (1). Une quittance de gages que Robert de Harlyng avait donnée, le 19 mai 1432, est munie d'un sceau avec écu *à la licorne saillant, penché, timbré d'un heaume cimé d'une tête de licorne, supporté par deux licornes.* Légende : *S. Robert Harlyng, militis* (2).

---

(1) Biblioth. Nat. *Pièces origin.*, volume 1486.
(2) *Invent. des Sceaux*, Collect. Clairambault, reg. 169, page 5349.

X

LOUIS DESPOIS.

Louis Despois, chevalier gascon, à qui Henri V, roi d'Angleterre, avait donné les domaines de Frencourt et de l'île Birnèle, fit à Rouen, le 10 février 1428, par devant Richard Courson, écuyer, et le vicomte Roger Mustel, montre de 12 hommes d'armes, sa personne non comprise, et de 36 hommes de trait, tous à cheval et destinés à la conduite des vivres et des finances (1); il parut au siège d'Orléans, et, à son retour, il remplaça Robert de Harlyng dans le triple commandement de Poissy, de Montjoie et de Saint-Germain-en-Laye. Un chef de bandes françaises plus hardi, ou mieux renseigné que les autres, lui ayant enlevé cette dernière place, quelque temps après l'entrée de Jeanne d'Arc à Saint-Denis, il fut relevé de ses fonctions. Etait-ce à cause de l'échec qu'il venait d'éprouver? C'est bien probable. Toutefois il

---

(1) Biblioth. Nat. *Mss. français,* 26051, n° 1057; voir aussi *Comptes de Normandie,* fonds français, n° 4488.

dut être bientôt réintégré dans ces mêmes fonctions; car, le 9 février 1430, il fit, à Saint-Germain, une montre d'armes, reçue et passée par Jean de Hanforte et Guillaume de Harmand, le premier étant bailli, et le second, contrôleur de Mantes (1). Une deuxième montre que Louis Despois fit, au même lieu, le 29 juin 1431, en présence de Jean Repplay, lieutenant de Pontoise, comprenait quatre hommes d'armes à cheval, trois à pied, trois lances à cheval, deux à pied et dix-neuf archers. Voici les noms de ces derniers :

Willaume Berneston — Jehan Walch — Willaume Guyperson — Seulyn Quesné — Thomas Kalesel — Henry Roseby — Wuillaume Jensson — Jehan Ferroux — Willaume Henryson — Willaume Godelerow — Thomas Ursener — Robert Dorville — Willaume Bosedan — Stevene Conq — Arnauton le Boston — Symonet de Fontenay — Thady Guerault — Willaume Cocq — Pietquin Taleman (2).

Louis Despois fit effectuer diverses réparations dans le château de Saint-Germain (3); une quittance de gages qu'il y signa, le 8 novembre 1434, est munie d'un sceau rond, de 30 mill.

---

(1) Archiv. Nat. *Carton des Rois*. K. 63.
(2) Archiv. Nat. *Carton des Rois*. K. 63.
(3) Biblioth. Nat. *Mss. français*, 26052, page 1110, cité par M. Lefèvre Portalis, dans *Biblioth. de l'Ecole des Chartes*, vol. 46, page 9.

représentant un écu écartelé : *au 1 et 4, une enceinte palissadée; au 2 et 3, trois pals;* sur le tout, un écusson qui porte *trois pots à trois pieds;* penché, timbré d'un *heaume à lambrequins*, et cimé d'*une palissade circulaire* (1).

---

(1) G. Demay, *Sceaux, Collection Clairambault*, tome I, page 359.

XI

JEAN TALBOT.

Après Louis Despois (1434), Saint-Germain-en-Laye eut pour capitaine *Jean Talbot* (1), comte de Shrewbury et de Waterfort, celui-là même que ses compatriotes ont surnommé le *nouvel Achille;* à des qualités essentiellement guerrières, il joignait des vertus bien plus estimables encore, celles d'honnête, de loyal et de généreux ennemi; jamais, à une époque si féconde en trahisons, on ne le vit faillir à sa parole. Il garda, jusqu'en 1436, le gouvernement de Saint-Germain, où il avait eu pour lieutenant messire Edouard Maty William. Maître de Pontoise (1441), après avoir éprouvé de la part des habitants une résistance opiniâtre, Talbot dirigea sa marche vers Poissy, dont il s'empara facilement; peu s'en fallut que le roi Charles VII, alors dans cette ville, ne tombât entre ses

---

(1) *Titres scellés de Clairambault,* n° 159, page 4457; *Biblioth. de l'Ecole des Chartes,* 1885, vol. 46, page 9.

mains (1). Les trêves de 1444 interrompirent, durant plusieurs années, le cours de ses prouesses. La guerre s'étant rallumée en 1449, il reparut sur la scène, toujours au premier rang; il trouva une mort glorieuse au siège de Châtillon (Guienne), le 17 juillet 1453, âgé de 80 ans (2). De sa famille étaient issus ces *Talbot*, comtes de Tyrconnell qui, restés fidèles à l'illustre, mais infortunée Maison des Stuart, vinrent à Saint-Germain-en-Laye, vers la fin du xviime siècle, mettre leurs biens et leurs épées au service de Jacques II.

---

(1) Reveillé au milieu de la nuit, il eut à peine le temps de s'enfuir. (*Siège de Pontoise*, par un historien du xvme siècle, dont M. J. Quicherat a publié le manuscrit).

(2) Voir Anselme, *Maison de France*, tome VIII. *Biograp. génér.*, édit. Didot.— A l'occasion de son mariage avec sa deuxième femme, Marguerite de Beauchamp, avait été fait un manuscrit sur vélin, *Livre d'Heures*, qui a été adjugé pour la somme de 19.020 fr., le 10 juin 1899, *Hôtel Drouot*, vente de la Collection de Charles Stein.

XII

ARTHUR DE RICHEMONT,
Connétable de France,

ET

FRANÇOIS DE SURIENNE,
Dit l'Aragonais.

Au mois d'avril 1436, le château de Saint-Germain-en-Laye rentra sous l'autorité de son roi légitime, Charles VII ; ce ne fut pas, comme on l'a dit quelquefois, par la force des armes ; mais pour la somme de *mille huit cents quatre vingt sept livres tournois*, payée par le connétable de France, Arthur de Richemont, au capitaine anglais qui en avait la garde (1). Deux ans après, un religieux de Nanterre, nommé Carbonnet, lequel avait libre accès dans cette

---

(1) *Chronique* d'Arthur de Richemont, Paris 1890, page 161 et 248.— On lit aussi dans une vieille *Pancarte* intitulée : *Fanum S. Germani*, et signée : *Liberia del cardinale Lorenzo Nina di Recanati :* « Carolus VII eam arcem a praefecto quodam anglo magna pecunia redemit. »

place, promit au comte de Warwick de la remettre entre ses mains, pour *trois cents saluts d'or*. La proposition acceptée, Carbonnet déroba les clefs des principales portes, en fit fabriquer de semblables ; puis, au moment convenu, les Anglais furent secrètement introduits dans la forteresse (1). On blâma le connétable d'avoir laissé surprendre une place aussi importante ; mais ce dernier, au milieu des empêchements de toute nature dont il se trouvait environné, sera contraint bien souvent, non sans de vifs regrets, de renoncer à des projets le plus habilement concertés. Quoi qu'il en soit, laissons parler ici un auteur contemporain. « En iceluy an 1438, fut le chasteau de Saint-Germain-en-Laye, à cinq lieues de Paris, prins par la porte, de huit ou dix anglois, par deffault de garde de dix ou douze meschants Bretons que le connestable y tenoit, qui ne povoit avoir assez place pour bailler à ses gens, et ne lui challoit quel tort il feist aux chevaliers et escuiers d'autres païs ; mais qu'il peust avoir places pour y tenir ses gens en nom et en estat. Et moult de maulx en sont venus durant ces présentes guerres ; et de la perte d'icelle place et du gouvernement du dit connestable en la ville de Paris et ailleurs,

---

(1) *Journal* d'un *Bourgeois de Paris*, Règnes de Charles VI et Charles VII, Collection Michaud et Poujoulat, tome III, page 284. — Le Salut d'or était une monnnaie représentant la Salutation angélique.

estoient très mal contens ceux de Paris » (1).

Le commandement du château fut confié à François de Surienne, par lettres signées à Rouen, le 9 mars 1438, dont voici un extrait :

« Henry, par la grâce de Dieu, Roy de France
« et d'Angleterre, à nos amez et féaulx les tré-
« soriers et gouverneurs de toutes nos provinces
« tant de France que de Normandie, salut et
« dilection,

« Comme par endentures faites entre nous,
« d'une part, et notre amé et féal chevalier
« *François de Surienne*, dit l'*Aragonnais*, d'autre
« part, avons par l'adviz de nostre très cher et
« amé cousin Richard, comte de Warwick,
« nostre lieutenant général, retenu ledit cheva-
« lier pour cappitaine de la forteresse de *Saint-*
« *Germain-en-Laye*, et à cette cause, lui baillons
« charge de *soixante lances à cheval*, sa personne
« non comprise, et *soixante archers*, et pour
« aider ledit chevalier à supporter les fraiz et
« missions qu'il lui conviendra de faire, consi-
« dérant les services qu'il nous a rendus et
« espérons qu'il rendra, ordonnons et taxons
« par les présentes la somme de *cinq cent livres*

---

(1) Perceval de Cagny, *Chronique*, dans Mss. Duchesne 48, fol. 110. — On a bien diversement jugé le connétable de Richemont. Voir pour cette question le *Connetable de Richemont*, par E. Cosneau, Paris 1886, p. 472. — Pour nous, nous dirons avec Henri Martin : « Sans avoir le génie de son compatriote Du Guesclin, il avait fait presque autant que lui pour la France. »

« *tournois* à prendre le long de l'année, à quatre
« termes par égales porcions, durant ladite
« retenue, des deniers de nos finances de Nor-
« mandie, par la main de Pierre Baille, receveur
« général (1) ».

François de Surienne (de Soriano), fut un
des plus célèbres aventuriers du xve siècle; très
habile dans les choses de la guerre, il excellait
surtout dans l'art de s'emparer d'une place
forte, au moyen de nocturnes embuscades :
*Erat in rebus bellicis astutus et maximè ad
ingrediendum furtim oppida, par nocturnos insidiatores* (2); il nous reste de lui deux quittances
datées de Saint-Germain-en-Laye, l'une du
20 octobre 1439, l'autre du 29 juin 1440. A cette
dernière est appendu un sceau en cire rouge,
portant un écu à *trois bandes, timbré d'un
heaume de profil, cimé de trois plumes d'autruche
et supporté par deux écots* (3).

Surienne quitta Saint-Germain-en-Laye, au
mois d'août 1442; il fut successivement gouverneur de Gallardon, de Verneuil et de Logny.
Enfin, après avoir mis son épée au service de
l'Angleterre, pendant vingt années environ, il
se rallia au parti français, fit acte de soumission
à Charles VII, le 15 janvier 1450, et finit ses

---

(1) Biblioth. Nat. *Pièces origin.* Reg. 2738.

(2) *Thomas Basin, Hist. de Charles VII et de Louis XI,*
tome I, page 195.

(3) *Titres scellés de Clairambault,* reg. 201.

jours, étant bailli de Chartres; il s'était marié, en premières noces, à Françoise Marie de Vaucelles qui lui donna deux fils(1), et en deuxièmes, à Estiennette de Gréseville. Il avait aussi un enfant naturel auquel Louis XI accorda une charte de pardon (il avait été emprisonné à Rouen), par lettres données au château d'Amboise, le mois de juillet 1469.

---

(1) Pierre, écuyer, et Jean, lieutenant de Verneuil.

XIII

RICHARD DE MERBURY.

Richard de Merbury, chevalier anglais, seigneur de Tallegard, de Vignay, du Grippon et de Gondrecourt, écuyer tranchant du duc de Bedfort en 1424, commis à la garde de Pontoise (1429), lieutenant de Meulan (1434), bailli de Vernon (1440), livra aux Français la place de Gisors, dont il était gouverneur (1448), dans l'espoir de rendre la liberté à ses fils, prisonniers à Pont-Audemer. Pour le récompenser de cet acte, Charles VII lui donna, durant vie entière, avec tous les profits et émoluments qui en dépendaient, la *Capitainerie de Saint-Germain-en-Laye* (1), d'où le Connétable de France était enfin parvenu à expulser les Anglais (2).

---

(1) Jean Chartier, *Chronique de Charles VII*, tome II, page 136.

(2) Gruel, *Histoire d'Arthur III*, comte de Richemont, dans Collect. Michaud et Poujoulat, tome III. Paris 1837.

D'après Thomas Basin, la Capitainerie de *Saint-Germain* aurait été accordée, avec promesse d'une pension annuelle, à un chevalier qui commandait en même temps les places de Gisors et de la Roche-Guyon (1); mais Thomas Basin confond ici deux seigneurs anglais qui firent à peu près la même chose, *Richard de Merbury*, capitaine de Gisors et *John Howel*, capitaine de la Roche-Guyon (Rupes-Guidonis); tous deux se firent sujets du roi de France, le premier pour obtenir la liberté de ses enfants, comme nous l'avons dit plus haut; le second, parce qu'ayant promis de se rendre dans le terme de quinze jours, s'il ne recevait pas de renfort, le duc de Sommerset, instruit de cette convention, envoya des gens pour l'assassiner (2).

Merbury devint ensuite bailli de Troyes pour Charles VII; dans une charte de l'an 1456, il se qualifie conseiller et chambellan du roi d'Angleterre. Serait-il retourné au parti anglais? Il n'y aurait en cela rien de surprenant, les défaillances de cette nature étant alors malheureusement trop fréquentes. De sa femme, Catherine de Fontenay, naquirent plusieurs enfants, entre autres, Robert, seigneur de Vignay, et Jean, écuyer; celui-ci reçut, le 13 novembre 1450, *trentequatre livres tournois, pour l'aider à faire cer-*

---

(1) *Histoire de Charles VII et de Louis XI*, tome I, page 221.

(2) *Note* de M. Quicherat.

taines choses secrètes, touchant beaucoup l'utilité et le bien du roi Charles VII (1).

Au xviime siècle, existaient encore, dans le Cheshire, un étang et une famille du nom de Merbury (2).

---

(1) *Rôle des dépenses du règne de Charles VII*. Biblioth. Nat., *Fonds français*, n° 23260, fol. 4 et 8.

(2) *Hist. de la Grande Bretagne*, par J. Blaen, 1645.

XIV

JEAN D'ORLÉANS
COMTE de DUNOIS et de LONGUEVILLE.

Fils naturel de Louis de France et de Marguerite d'Enghien, dame de Cani, *Jean d'Orléans*, comte de Dunois et de Longueville, fait prisonnier par les Bourguignons à l'âge de quinze ans, fut détenu dans le château de Saint-Germain jusqu'au jour où il paya sa rançon (1419) (1). Le courage dont il fit preuve au siège d'Orléans (1428-1429), permit à notre immortelle héroïne, Jeanne d'Arc, de venir au secours de cette ville. Nous le voyons, en 1436, combattre à Poissy, ensuite à Pontoise, sous les ordres du connétable de France ; à lui revient presque tout entier l'honneur d'avoir expulsé les Anglais de la Normandie (1450), puis de la Guienne (1453) ; surnommé le *Restaurateur de la Patrie*, respecté pour sa bravoure, sa grandeur d'âme et

---

(1) Anselme, *Maison de France*, tome I.

sa bienfaisance, il termina sa glorieuse carrière
(24 novembre 1468), à Saint-Germain-en-Laye,
dont il avait le gouvernement. Son corps fut
porté à Notre-Dame de Cléry (Loiret) et son
cœur, à Châteaudun.

Dans la forêt de Saint-Germain-en-Laye, près
des routes de Poissy et de Saint-Joseph, s'élève
une croix en pierre, de forme grecque, haute de
2 mètres 48 centimètres, dont le style accuse
nettement le xve siècle; elle porte sur la branche
supérieure: *Croix Pucelle*. Renversée en 1793,
deux honorables Saint-Germinois dont il convient de conserver les noms, MM. Simonet,
artiste, et Hubert, marbrier, la replacèrent sur
ses assises, il y a un demi-siècle environ. Plusieurs historiens, et nous sommes de leurs avis,
estiment qu'il faut attribuer à Dunois l'érection
de ce pieux monument. Dans la sentence qui
réhabilita la mémoire de Jeanne d'Arc (1456),
il est dit en termes formels: *On plantera non
seulement à Rouen, mais aussi dans les principales villes du royaume, des croix dignes et
honnestes en souvenance et perpétuel souvenir de
la Pucelle*. Or, Dunois ayant assisté, comme
témoin, au procès de revision, il était tout naturel
que, de retour à Saint-Germain, il eût à cœur
de faire ériger un monument commémoratif à
l'honneur de la *Pucelle* dont il avait partagé la
gloire.

D'après une autre version, beaucoup moins
répandue, cette croix perpétuerait la mémoire
d'une jeune fille, violée et tuée en ce même

endroit ; mais quel était donc le nom de cette illustre fille ? Pourquoi ce titre de Pucelle ? le motif qu'on allègue pour le justifier, est-il bien sérieux ? Libre à chacun d'exprimer son opinion. Quant à nous, jusqu'à preuve du contraire, par *Croix Pucelle*, nous entendons *Croix de Jeanne d'Arc*, et nous redisons très volontiers avec un de nos honorables sénateurs : « Il serait à désirer qu'il y eût, aux environs de ce monument, un poteau indiquant au voyageur qu'il lui suffit de se retourner pour voir à quelques pas, au milieu des ormes, cette précieuse relique du passé. Une telle vue évoquant les souvenirs du plus saint héroïsme, tour à tour martyr et réhabilité, serait de nature à élever l'âme dans la région des hautes pensées (1) ».

Dunois portait : *D'Orléans au baton de gueules mis en barre*. Il fut la tige de l'illustre Maison de Longueville, laquelle possédait, à Saint-Germain-en-Laye, rue aux *Vaches*, aujourd'hui rue de la *République*, un hôtel tenant du côté de l'Orient à l'hôtel de Richelieu, et à celui de Furstemberg, du côté de l'Occident.

---

(1) Joseph Fabre, *Réhabilitation de Jeanne d'Arc*, 1888, tome I, page 207.

XV

JEAN D'AILLY,
VIDAME D'AMIENS.

D'une famille dont plusieurs monuments attestent la grandeur et l'ancienneté (1), *Jean d'Ailly* était fils aîné de Raoul d'Ailly, vidame d'Amiens, seigneur de Picquigny, et de Jeanne de Béthune, dame d'Englemontiers. Créé chevalier par Charles VII qui le comptait au nombre de ses plus dévoués serviteurs, conseiller et chambellan de Louis XI, honoré de la première séance, après les princes du sang, aux Etats tenus à Tours (1468) (2), il eut entre ses mains, en 1471, les terres et seigneuries de Saint-Germain, de Triel, de Saint-James et de Poissy. Ses armes étaient (3) : *De gueules, au chef échiqueté de trois tètes d'argent et d'azur*. Marié

---

(1) Voir *Dictionnaire de Moreri*, édition Drouet.

(2) A. de La Morlière, *Recueil des Familles vivantes et éteintes d'Amiens*.

(3) H. Sauval, *Antiq. de Paris*, tome III, page 409.

à Yolande, fille naturelle de Philippe-le-Bon, duc de Bourgogne, portant, comme son père, le titre de vidame (1), il mourut en 1497. C'était en son nom que Guillaume Le Jeune avait exercé à Saint-Germain-en-Laye (1480) les fonctions de capitaine (2).

Le nom de d'Ailly, en latin *Alliaco* et *Arliaco*, figure plusieurs fois dans nos *Registres paroissiaux*. Ainsi nous y trouvons, sous le 8 mai 1632, *Charles d'Ailly*, chevalier, gentilhomme ordinaire de la chambre du roi, cornette d'une compagnie de chevau-légers; et, sous le 10 septembre 1670, haut et puissant *Charles d'Ailly*, duc et pair de France, chevalier des Ordres du roi et gouverneur de la Bretagne; il y est également fait mention, 23 février 1672, de noble *Thierry d'Ailly*, sous-gouverneur des pages de la duchesse d'Orléans.

---

(1) On nommait Vidame *(Vice-Dominus)*, le défenseur ou l'administrateur des intérêts temporels d'une église ou d'une abbaye. Les principaux Vidames étaient ceux de Laon, d'Amiens, du Mans et de Chartres.

(2) *Cartulaire de Saint-Germain-en-Laye*, par J. Depoin, 1895, page 12.

XVI

JACQUES COITIER,
Médecin de Louis XI.

Jacques Coitier appartenait à une ancienne famille ; c'est à Poligny (Franche-Comté), qu'il vit le jour, dans la première moitié du xvme siècle (1). Devenu premier médecin de Louis XI par des moyens qui sont restés ensevelis dans le mystère, il sut profiter de son immense ascendant sur l'esprit de ce monarque superstitieux, pour s'enrichir lui-même et faire la fortune de ses parents. Dans l'espace de cinq mois, il obtint « cinquante-quatre mille écus, l'évêché d'Amiens pour son neveu et autres offices et terres pour lui et ses amis (2) ». Par lettres patentes du mois de septembre 1482, disent nos historiens les plus autorisés, Louis XI lui donna les places, châ-

---

(1) On écrit aussi Cotier, Coctier, Coetier et Coithier, mais il signait *Coitier*. Voir *Pièces origin.*, volume 807, Biblioth. Nat.

(2) Philippe de Comines, *Mémoires*, 1782, page 401.

teaux, prévôtés et seigneuries de Saint-Germain-en-Laye, Poissy, Sainte-James et Triel (1). On lit aussi dans un cartulaire, cité déjà plusieurs fois : « Nicolas Mestivier était garde du scel de « Poissy, au mois de février 1483, pour noble « homme messire Jacques Coectier, conseiller, « premier médecin ordinaire du roy, et seigneur « chastelin de Poissy, Triel, Saint-James et Saint-« Germain-en-Laye (2) ». Il n'est donc pas possible de révoquer en doute cette donation, bien que jusqu'à ce jour, on n'ait pas retrouvé le titre original qui la concédait ; mais Coitier ne jouit pas longtemps de cette faveur, car il en fut dépouillé par un arrêt du parlement, après la mort de son royal bienfaiteur (3). Donnons ici la parole à Henri Sauval : « Messire Jacques Coictier, conseiller du roi et vice-président de la chambre des Comptes de Paris, prétendait avoir des droits sur les revenus de la Chastellenie de Poissy, Triel, Sainte-James et Saint-Germain-en-Laye, qu'il disait lui appartenir par don à lui fait par Louis XI, et dont il n'avait touché aucune chose pour les termes de Saint-Remy, Toussains, Noël, Chandeleur, Pasques

---

(1) L'abbé Lebœuf, *Histoire du Diocèse de Paris*, tome VII, page 220; Boislisle, *Mémoires des Intendants sur l'Etat des Généralités*, tome I, page 383.

(2) J. Depoin, *Cartulaire de Saint-Germain-en-Laye*, page 12.

(3) Louis XI mourut le 21 août 1483.

et Ascension de l'année finie à la Saint-Jean-Baptiste 1484, à cause de la révocation générale des dons faits par Louis XI. Sur quoi, il fut composé avec ledit Jacques Coictier par la chambre des Comptes, à la somme de cent francs parisis (1) ».

Accusé de concussion, Coitier sut conjurer l'orage dont il était menacé, en offrant cinquante mille écus à Charles VIII, pour l'expédition de Naples; puis, renonçant aux pompes de la Cour, il se retira définitivement dans une maison qu'il s'était fait bâtir à Paris, rue *Saint-André-des-Arts*, où il termina son existence, vers 1505 (2), laissant, pour légataire universel, son neveu, Jacques Le Clerc, seigneur d'Aunay (3). Il portait : *D'azur à l'abricotier fruité et arraché d'or*.

---

(1) *Antiq. de Paris*, tome III, page 451.

(2) Cette maison a été démolie en 1739; sur la porte était sculpté un *abricotier*, devise indiquant sans doute que Coitier avait voulu se mettre à l'abri du monde et jouir enfin paisiblement de ses richesses.

(3) Coitier n'avait pas eu d'enfants de sa femme Marguerite Le Clerc de Tremblay. — Voir La Chenaye des Bois, *Diction. de la Noblesse*; Achille Cheveau, dans *Biograph. Générale* (Didot.)

XVII

YVON DU FOU.

La famille du Fou, originaire de la Bretagne(1), d'où elle vint s'établir dans le Limousin, portait : *1 et 4 d'azur à une fleur de lis d'argent et 2 tiercelets affrontés de même ; 2 et 3 d'or au Griffon de gueules.* De cette Maison était issu Yvon du Fou, capitaine et gruyer de Saint-Germain-en-Laye.

Yvon du Fou reçut de Louis XI, dont il fut écuyer, conseiller et chambellan, *les moulins, prés, étang et rivières de Lezignan.* Une de ses quittances datée de ce dernier lieu (2 septembre 1467), est munie d'un sceau avec un *écu à la fleur de lis, portant deux oiseaux perchés, timbré d'un heaume soutenu par un ange, supporté par deux hommes sauvages* (2). Grand

---

(1) Elle tire son nom de la ville du Fou, en l'évêché de Quimper-Corentin *(Dossiers bleus,* vol. 277, Biblioth. Nat.)

(2) G. Demay, *Invent. des Sceaux, Collect. Clairambault,* tome I, page 397.

veneur de France (1472) aux gages de trois mille deux cents livres, lieutenant général des troupes envoyées en Cerdagne et en Roussillon, appelé, en 1484, au gouvernement de Saint-Germain, où il eut, pour lieutenant, Mahé Félix, écuyer du roi (1), Yvon du Fou mourut quatre ans après, laissant de sa femme, Anne Mourlande, plusieurs enfants, entre autres, Jacques, seigneur de Preau-en-Quercy, lequel suivit Charles VIII à la conquête de Naples (2).

Notre capitaine et gruyer avait pour frère Raoul du Fou, évêque d'Angoulême (1470), puis d'Evreux (1479), un des plus savants prélats de son époque. La Bibliothèque Nationale possède un rituel manuscrit aux armes de ce pontife. Un autre de ses frères, Jean, devint premier échanson et chambellan du roi (3).

---

(1) Sauval, *Antiq. de Paris*, tome III, page 447 et suiv.
(2) Anselme, *Maison de France*, tome VIII, page 703.
(3) *Gallia christiana*, tome II, page 1018.

XVIII

RAOUL DE LANNOY.

D'une ancienne famille féodale de la Picardie, *Raoul de Lannoy* était troisième fils de Thomas de Lannoy, dit Flameng, seigneur d'Améraucourt, gouverneur du Hesdin, grand écuyer du duc de Bourgogne, et de Marguerite de Neuville, dame de Matringuehem (1). Comme puîné, il écartelait de Lannoy : *Echiqueté d'or et d'azur ;* et de Neuville : *D'or fretté de gueules.* Louis XI le combla de faveurs, surtout après le siège d'Avesne. « Pasque Dieu, lui dit-il, en le voyant
« revenir, couvert de sang et de poussière, vous
« êtes trop furieux en un combat ; je veux vous
« enchaîner, désirant me servir de vous plus
« d'une fois », et sur le champ il lui passa au

---

(1) Cette dernière, mariée le 28 juillet 1440, était avec sa sœur, la dame de Boufflers, héritière d'une des plus illustres familles de l'Artois. C'est par cette alliance que les Boufflers devinrent Seigneurs de Cagny, depuis érigé en duché-pairie de Boufflers.

cou la chaîne d'or qu'il portait (1). C'est en 1491 que Charles VIII, dont il était chambellan, le nomma *capitaine de Saint-Germain-en-Laye* (2). Gouverneur de Gênes pour Louis XII, il jura sur les saints Evangiles « de bien et léablement servir le roy audit office, de faire justice aux grands et petits, sans avoir acception pour personne, et de s'acquitter en manière que l'honneur du Roy y sera gardé, le bien de la chose publique entretenu et sa conscience déchargée (3) ». Valerand de Varanis, dans la dédicace de son *Carmen de Expugnatione genuensi*, se plaît à l'appeler son doux Mécène, *Dulcis mi Mæcenas* (4). On lit dans un Graduel sur velin, conservé en l'Eglise de Folleville (Somme): « Messire Raoul de Lannoy, chevalier, seigneur de Morviller, Séronville, de Pail-

---

(1) Du Clerch, *Mémoires*, 1835, tome I, page 265; *Mémoires de l'Académie des Inscript. et Belles Lettres*, tome 20, page 664. — D'après quelques auteurs, cet acte aurait eu lieu après la prise de Quesnoy, mais le testament de Raoul de Lannoy dit formellement Avesne.(Voir Corbinelli, *Histoire de la Maison de Gondi*, tome II, page 658).

(2) Sauval, *Antiq. de Paris*, tome III; Biblioth. Nat. *Pièces origin.*, vol. 1646.

(3) Jean d'Anton, *Chroniq. de Louis XII*, Paris, 1891, tome IV, page 273.

(4) Ce *Carmen* est un grand poëme épique chantant les exploits des Français dans le monde, l'arrivée des furies à Gênes, etc.

TOMBEAU DE RAOUL DE LANNOY, CAPITAINE
de *Saint-Germain-en-Laye*,
dans l'Eglise de Folleville (Somme).

lard (1), et de Matringuehem, conseiller et chambellan ordinaire du roi, nostre sire, son bailli et capitaine de Roye et de Saint-Germain-en-Laye, bailli et concierge du palais royal à Paris, capitaine de cent gentilz hommes de la Maison du roy et de cent hommes d'armes, grand chambellan de Naples, gouverneur de Gennes et l'un des quatre conseillers du grand Conseil de France (2) ».

Capitaine de Saint-Germain, durant sept années, ayant pour lieutenant ce même Mahé Félix, écuyer, dont il a été question plus haut, intimement lié avec le célèbre sénéchal de Beaucaire (Etienne de Vesc), marié à *Jeanne de Poix*, fille d'Antoine de Poix et de Jeanne, dame de Folleville, de laquelle lui naquirent deux enfants, *François*, bailli d'Amiens (3), et *Louise*, femme de Philippe de Crequi (ce dernier était chevalier et seigneur de Bermicules), Raoul de Lannoy termina sa noble carrière le 4 avril 1513. Ses restes et ceux de son épouse reposent, en l'église de Folleville (Somme), dans un magnifique tom-

---

(1) Le village de Paillard lui devait l'institution d'un marché, chaque lundi, et de deux foires dont l'une, le 8 mai et l'autre, le 27 octobre.

(2) Beauvillé, *Documents inédits sur la Picardie*, Paris, 1881, tome IV, page 629.

(3) Ce fut chez lui, au château même de Folleville, que François Ier fit publier, au mois de septembre 1544, la paix conclue entre la France et l'Espagne.

beau que des artistes italiens élevèrent à leur
mémoire vénérée, et dont voici l'inscription :

CI GISENT NOBLES PERSONNES
RAOUL DE LANNOY, CHEVALIER,
SEIGNEUR DE MORVILLER ET DE
PAILLARD, CONSEILLER ET CHAMBELLAN
ORDINAI... DES ROIS LOUIS XI ET
XII E... E CHARLES VIII,
BAILLI DU ... AIS RÉAL A PARIS
ET D'AMIENS, C..PITAINE DE LADITE
VILLE, DE CENT GENTILZ HOMMES DE LA MAISON
ET DE CENT HOMMES D'ARMES DES ORDON
NANCES, GRAND CHAMBELLAN DU RÉALME DE
CECILE, LIEUTENANT GÉNÉRAL ET GOUVER
NEUR DE LA DUCÉ DE GENNES, QUI
TRÉPASSA LE IIIIe JOUR DU MOIS DE
AVRIL, L'AN MIL V^e ET XIII, ET
MADAME JEHENNE DE POIS, SA FAME
DAME DES DITZ LIEUX DE FOLLEVILLE ET
GANNES, LAQUELLE DÉCÉDA LE XVI JOUR
DU MOIS DE JUILLET L'AN MIL V^e ET XXIIII
PRIES DIEU POUR LEURS AMES. —

RAOUL DE LANNOY et son épouse JEANNE DE POIX

XIX

GUILLAUME DE MONTMORENCY,
premier baron de France.

Chef-lieu de canton, arrondissement de Pontoise, Montmorency (Mons-Morencianus) a donné le nom à une famille d'où sont issus des personnages fort remarquables, entre autres, *Guillaume de Montmorency*, premier baron de France, nommé gouverneur de Saint-Germain, l'an 1498, et non pas 1472, comme l'ont écrit, bien à tort, quelques historiens locaux (1).

Guillaume était fils de Jean II, seigneur de Montmorency et de Marguerite d'Orgemont; la fidélité dont il fit preuve envers Louis XI, durant la guerre du *Bien public* (1464) lui vaudra une part privilégiée dans la succession paternelle (2). La noblesse de la Prévôté de Paris l'envoya (1484),

---

(1) De ce nombre sont Rolot et de Sivry, *Précis historique de Saint-Germain-en-Laye*, page 136.

(2) Jean II n'aimait pas ses deux autres fils, *Jean* et *Louis*, nés de sa première femme, Jeanne de Fosseux, parcequ'ils s'étaient attachés à Charles, duc de Bourgogne, ennemi déclaré de Louis XI.

aux Etats de Tours; il devint si versé dans la connaissance de l'art militaire que, dans le fameux pas d'armes, célébré à Sandricourt, près de Pontoise (16 septembre 1493), il fut choisi pour être un des juges du combat (1). Conseiller de Charles VIII qu'il suivit à la conquête du royaume de Naples, présent au sacre, puis à l'entrée solennelle de Louis XII, à Paris, il reçut de ce dernier monarque, par lettres données à Chinon, le 20 décembre 1498, *l'office de capitaine et gouverneur du Château de Saint-Germain-en-Laye, avec la superintendance et le regard sur les offices des eaux et forêts et garde des chasses de ce lieu, que tenoit auparavant Jean de Louan, chevalier, gouverneur de la duchée d'Orléans* (2).

Non moins habile à traiter les affaires politiques qu'à manier l'épée, il fut retenu en France, pour éclairer la reine de ses sages conseils, tandis que le roi allait, au delà des Alpes, combattre l'ambitieuse république de Venise (1509). François Ier lui accorda le collier de l'Ordre de Saint-Michel, honneur alors uniquement réservé aux trente-six seigneurs les plus distingués par le mérite et la naissance. Après la malheureuse issue de la bataille de Pavie (1525), il vint, sur

---

(1) La Colombière, *Histoire des Tournois.*

(2) André Duchesne, *Hist. de la Maison de Montmorency et de Laval*, in-folio, page 356, et aux *Preuves*, page 261.

les vœux unanimes du Parlement, fixer sa résidence à Paris, afin d'y rassurer les habitants, y maintenir la paix et la tranquillité. Nous le trouvons, à Saint-Denis, 5 mars 1530, au couronnement de la reine Eléonore d'Autriche; il avait paru aussi au sacre de la reine Claude, fille de Louis XII, que François Ier, étant encore comte d'Angoulême, épousa, le 18 mai 1514, au château de Saint-Germain-en-Laye. Enfin, après avoir servi quatre rois, avec autant de zèle que de gloire, il cessa de vivre, le 24 mai 1531, et ses restes furent inhumés dans l'église collégiale de Saint-Martin, à Montmorency. On remarquait jadis dans cette église, appendu à une de ses colonnes, un tableau où il était représenté, les mains jointes, avec l'inscription suivante :

« *Aplanos* (1)
« Le baron de Montmorency
« Nommé Guillaume près ainsi
« Quest cy pourtrait; l'an mil en date
« Cinq cents vingt et cinq pour bon acte
« Rediffya ce temple icy (2) ».

---

(1) *Aplanos*, ancien mot grec, signifiant *qui n'erre pas*, fait entendre que les Seigneurs de Montmorency ne se sont jamais écartés de leurs devoirs.

(2) André Duchesne, *Hist. de la Maison de Montmorency et de Laval*, page 355; Anselme, *Maison de France*, tome VIII, page 602; *Art de vérifier les dates*, 1818, tome XII, page 33.

De sa femme, Anne Pot, fille de Gui Pot, comte de Saint-Pol, et de Marie de Villiers de l'Ile-Adam, étaient nés plusieurs enfants, entre autres, Anne de Montmorency, connétable de France, chevalier des Ordres de Saint-Michel et de la Jarretière, décédé dans sa 74ᵉ année, des blessures qu'il avait reçues en la sanglante journée de Saint-Denis (1567).

NOTA.

Jean de Louan.

Jean de Louan, prédécesseur de Guillaume de Montmorency, dans le gouvernement de Saint-Germain-en-Laye, comme nous venons de le dire, appartenait à une ancienne famille, dont les armes étaient : *D'azur à un chevron d'or, accompagné de trois croissans, de même, posés deux en chef, et l'autre à la pointe de l'écu.* Gautier de Louan, chevalier, vivait en 1230; sur la fin du xvᵉ siècle, Adam Boucher de Louan fut secrétaire du roi. Un Gilbert de Louan, écuyer, seigneur d'Arfeuilles, homme d'armes de la compagnie du maréchal de Saint-André, en 1559, était fils de Jean de Louan, écuyer et seigneur d'Arfeuilles, en 1538 (*Armorial général de la France*, tome I; Le Bœuf, *Hist. du diocèse de Paris*, tome X, p. 88.)

GUILLAUME DE MONTMORENCY,
Gouverneur de Saint-Germain-en-Laye, et sa femme Anne POT.
(André Duchesne, Histoire de la Maison de Montmorency et de Laval.)

XX

JACQUES DE DINTEVILLE,
dit le Jeune.

Dinteville, lieu situé dans le département de la Haute-Marne, était une terre seigneuriale, qui fut érigée en marquisat, par lettres patentes de l'an 1647, mois de février, en faveur de Pierre le Goux, seigneur de la Berchère, premier président au parlement de Grenoble. Saint-Germain-en-Laye doit à cette famille un capitaine, dans la personne de *Jacques de Dinteville*, dit *le Jeune*, neuvième fils de *Claude de Dinteville*, seigneur des Chenets, Polisy, Commarin, et de *Jeanne de la Baume* (1). Ses armes étaient : *De sable à deux léopards d'or, posés l'un sur l'autre.* Le duc d'Orléans, plus tard Louis XII, l'honora de ses bonnes grâces et le fit son grand veneur ; c'est en cette qualité que

---

(1) Cette dernière décédée, dans sa 98me année, le 30 septembre 1510, était fille de Pierre, Seigneur du Mont Saint-Sorbin, et d'Alix, dame de Luyrieux.

nous le voyons, 16 septembre 1493, assister au fameux pas d'armes, tenu à Sandricourt, près de Pontoise. Devenu ensuite grand veneur de France, il mourut, le mois de mars 1506, ne laissant de son épouse *Anne de Château-Villain*, qu'un fils unique, Claude de Dinteville (1). Après son décès, selon Henri Sauval, on fit dans le château de Saint-Germain un inventaire des biens meubles qui s'y trouvaient (2); il avait eu audit lieu, pour lieutenant, Guillaume de la Villeneuve, seigneur de Bailly et de Noisy, duquel il nous reste un sceau présentant un écu au *lion à queue fourchée, passé en sautoir* (3).

La Maison de Dinteville d'où sont issus les seigneurs de Spoy, de Fougerolles, de Polisy, de Chenets, de Vanlay et de Commarin, s'est éteinte en 1607. Elle reconnaissait comme son premier auteur, Pierre de Jaucourt, seigneur de Dinteville et d'Ormoy, au xiii° siècle (4).

---

(1) Ce Claude mourut à l'âge de 18 ans; sa mère s'était remariée avec Marc de la Beaume, comte de Montrevel.

(2) *Antiq. de Paris*, tome III, page 543.

(3) Attestation des Gardes de la Gruerie de Saint-Germain-en-Laye, mentionnée dans l'*Invent. des Sceaux de la Collect. Clairambault*, par Demay, tome II, page 308.

(4) Anselme, *Maison de France*, tome VIII; La Chenaye des Bois, *Dictionn. de la Noblesse*, tome V; Moreri, Edition Drouet, article *Dinteville*.

XXI

LOUIS DE ROUVILLE.

Rouville, ancienne Maison de Normandie, d'où sont venus les seigneurs des Clois, de Villaine, de Harteville, du Bois de Vevres, de la Mouline, des Minières de la Forge, d'Agenson et de Villers, portait, dès l'origine, le nom de Gouguel (1).

Louis de Rouville, dont nous avons à parler ici, était fils de Guillaume de Rouville, seigneur de Molineaux, chambellan de Louis XI, et de Louise Matet de Granville. Grand veneur de France en 1488 (2), bailli de Mantes (1500), il fut nommé *capitaine de Saint-Germain-en-Laye,* à la place de Jacques de Dinteville, par lettres

---

(1) Le nom de Rouville (ville de Rou) lui vient de Rou, un des compagnons d'armes de Guillaume-le-Bâtard, duc de Normandie.

(2) Il prêta serment entre les mains du chancelier, le 18 août, et garda cette charge jusqu'en 1496.

royales données à Bourges le 3 mars 1506 (1); grand maître enquesteur et réformateur des eaux et forêts (1519), il venait d'être appelé au gouvernement général de la Normandie, quand la mort le surprit à Lyon, le 15 juillet 1525. Son corps fut transféré à l'abbaye de Notre-Dame de Bon-Port, dans le voisinage de Pont-de-l'Arche (Eure). On lui éleva un tombeau, sur lequel il était représenté sous la forme d'un guerrier, avec cette devise : *Qui le droit chasse, garde le change.* Il portait : *D'azur semé de billettes d'or, à deux goujons adossés du même* (2). De son épouse, Suzanne de Coësmes, fille de Nicolas, seigneur de Coësmes, et de Madeleine Chourses, étaient nés : 1° François, maître d'hôtel du roi, chevalier de ses ordres, décédé vers 1539; 2° Suzanne et Renée. Cette dernière devint abbesse de Saint-Saëns, en Normandie.

---

(1) H. Sauval. *Antiq. de Paris*, tome III, page 453.

(2) Anselme, *Maison de France*, tome VIII, page 708.

XXII

PIERRE DE RUTHYE.

La famille de Ruthye ou Ruthie, dans la Soule (département des Basses-Pyrénées), remonte au xiv° siècle. Elle portait : *D'argent à un chêne de sinople englanté d'or, à dextre d'un mouton contourné d'azur, broutant l'écorce de l'arbre, le tout soutenu d'une terrasse de sinople.* Un membre de cette famille, *Jean-Paul*, seigneur de Ruthye et d'Assurucq, épousa, en 1480, *Augustine de Holsta*, et de cette alliance naquit *Pierre de Ruthye*, gentilhomme ordinaire de l'hôtel du roi, lieutenant de sa vénerie, gouverneur de Mauléon (chef-lieu de la Soule), et *capitaine de Saint-Germain-en-Laye*.

Il remplissait ce dernier poste en 1542, comme le prouvent plusieurs actes passés, cette même année, par devant maître Jean Fromont, notaire royal audit lieu. Dans un de ces actes, il est dit que « Pierre de Ruthye, chevalier, cappitaine
« des chasteaux et parcs de Saint-Germain-en-
« Laye et Sainte-James, juge et garde pour le
« roy en la grucrie dudict Saint-Germain, se

« désiste de ces fonctions en faveur de Jean de
« la Salle, l'un des gentilshommes de la vénerie
« du roy (1). » En 1547, 16 octobre, il fut nommé
concierge de *la Meute*, maison de plaisance que
François 1er avait fait construire dans la forêt
de Laye (2). Selon le père Anselme, il aurait eu
pour frère Bernard de Ruthye, grand aumônier
de France, abbé de Pont-le-Voy (3); mais ce
dernier n'était que le neveu, témoin de ce fait,
le document qui suit, daté du 29 septembre 1542 :
« Messire Pierre de Ruthye, chevalier, gentil-
« homme ordinaire de la Chambre, cappitaine
« de Saint-Germain-en-Laye et garde de la porte
« de Rouen, constitue pour son mandataire et
« procureur *messire Bernard de Ruthye, son
« nepveu, abbé de l'abbaye de Notre-Dame de
« Pontlevoy*, à l'effet de remettre ès mains de
« Jehan d'Estouteville, chevalier, seigneur de
« Villebon, l'office de cappitaine et garde des
« ponts de Rouen, pour être résigné au profit
« de Simon Legendre, valet dudict Pierre de
« Ruthye (4). »

---

(1) Arch. Nat. *Notariats et Tabellionages*, cote ZZ, 358.
(2) Aujourd'hui on écrit et l'on prononce *Muette*. Voir pour la signification de ce mot le *Dictionnaire* de Littré.
(3) *Maison de France*, tome VIII, page 267.
(4) *Notariats et Tabellionages*, Archives Nat.

XXIII

JEAN I et JEAN II DE LA SALLE.

Originaire de la vicomté de Soule, la famille de la Salle, dont il est déjà fait mention dans un acte de l'an 1390, portait : *D'azur à deux éperons d'or, posés en fasce, l'un sur l'autre; celui de la pointe contourné, les sous-pieds de gueules liés ensemble d'un ruban de gueules.* A cette famille appartenaient *Jean I* et *Jean II* de la Salle, capitaines de Saint-Germain-en-Laye, et dont cette dernière cité a voulu perpétuer la mémoire, en donnant leur nom à une de ses rues ; ils étaient fils de Petrisans (Pierre Sanche), seigneur de la Salle et du Domec, gentilhomme de la Maison du roi de Navarre, et de dame Catherine de Luce ou Lusse. C'est Pierre de Ruthye, leur oncle, qui les présenta à la Cour de France (1).

---

(1) *Généalogie de la famille de la Salle*, Biblioth. Nat. Département des Imprimés.

I

Jean I de la Salle.

Jean I de la Salle, dit l'aîné, fut pourvu de la capitainerie de *Saint-Germain-en-Laye*, en survivance avec son oncle, par lettres patentes données à Salettes, près de Lyon, le 8 septembre 1542. Ces lettres, signées du roi, le sieur de Sourdis présent, sont contresignées Grivaud ; sur le repli est l'acte de serment que prêta Jean de la Salle, entre les mains de François Montholon, garde des sceaux. Cinq ans après (1547), des lettres datées de Fontainebleau le nommèrent concierge du château de la Meute (Muette), dont il a été déjà question plus haut (1). L'année suivante (15 avril), il épousa à Saint-Germain-en-Laye, par contrat passé devant maître Michel Fromont, dame *Madeleine Olivier* veuve de Georges Hérouet, seigneur de Carrières-sous-Bois, et fille de Jacques Olivier, seigneur de Leuville, de Villemaréchal, de Puiseux, président au parlement de Paris, et de Madeleine

---

(1) Sur le repli de ces lettres, est l'acte de serment prêté entre les mains du chancelier, par Pierre Aymar, écuyer, mandataire de Jean de la Salle, par acte passé devant Michel Fromont, notaire royal à Saint-Germain. Bibl. Nat. *Cahier d'Hozier*, volume 570.

Lullier de Boullencourt. Cette alliance se prouve encore par un acte dont voici la substance :
« Noble homme Jean de la Salle, écuyer,
« capitaine du château et forêt de Saint-Germain,
« a fait à Poissy, le 2 mai 1549, hommage au
« seigneur de Tressancourt du fief, terre et
« seigneurie de Carrières-sous-Bois de Laye,
« mouvant de la seigneurie de Tressancourt, à
« lui appartenant à cause de dame *Madeleine*
« *Olivier*, sa femme, veuve de Georges Hé-
« rouet (1). »

Exécuteur testamentaire (1562) de Pierre, baron d'Artigoeti, pour les biens que celui-ci possédait en Biscaye, mandataire, en 1575, de son frère, Jean de la Salle, de Jean de Belloy, écuyer des écuries du roi, et de Pierre de Harville, sieur de la Grange et gouverneur de Montfort-l'Amaury, Jean I de la Salle mourut à Saint-Germain-en-Laye, le 1er janvier 1580 et fut inhumé dans l'église paroissiale, qui le comptait au nombre de ses bienfaiteurs (2). De sa femme, Madeleine Olivier, décédée vers 1575, étaient venus :

1° *Jean*, prieur d'Hennemont, près Saint-Germain-en-Laye, puis abbé d'Abbecourt, au diocèse de Chartres ; mort dans sa soixantième

---

(1) Cet acte fut reçu par Jean Bert, substitut de Pierre Robin, tabellion de la Châtellenie de Poissy.

(2) Il avait fait don à cette église, en 1559, d'une cloche que l'on baptisa du nom de Jérémie.

année, il fut enseveli dans son abbaye, en face de la chapelle de la Vierge. On grava au-dessus de sa tombe les armes de sa famille (1).

2° *François*, grand maître de la Maison de Guise. On rapporte qu'il se battit à Troyes, le 2 février 1568, avec Pierre Tardieu, originaire du Quercy, et qu'ils se tuèrent.

3° *Jean*, mort sans postérité à la Rochelle, étant au service du roi (2).

4° *Louise*, mariée, en 1573, à Pierre de Harville, sieur de la Grange, gouverneur de Montfort-l'Amaury. De cette alliance naîtra Henri de la Grange-Palaiseau, un des plus *beaux hommes de France et de la meilleure mine, homme d'esprit et à la vie duquel il n'y avait rien à reprendre* (3). Devenu capucin, il sera le héros d'une aventure galante que Tallemant des Réaux a racontée fort au long.

---

(1) Dom Etienne, *Recueil d'Epitaphes*, Bibl. Nat., fonds français, n° 8538.

(2) *Recueil d'Epitaphes*, fonds. Clairambault, n° 943, folio 200.

(3) Tallemant des Réaux, *Historiettes* (Mme de Villars), tome I. — C'est dans la Maison de Harville que se perpétua la postérité de Jean I de la Salle.

2

Jean II de la Salle.

Jean II de la Salle, dit le *Jeune*, se fit appeler *Jean l'aîné*, après la mort de son frère (1580) (1). Dans des lettres de *Committimus* à lui accordées, le 21 janvier 1582, ainsi que dans les contrats de mariage de sa fille, Jacqueline (1589), et de son fils, Charles, il est qualifié gentilhomme de la vénerie de Sa Majesté, *capitaine des chasteaux, parcs et forests de Saint-Germain-en-Laye* (2). Seigneur de Carrières-sous-Bois, par son alliance avec Marie Hérouet, fille de Madeleine Olivier et de Georges Hérouet (3), il se démit de la charge de capitaine, en 1594, en faveur d'Antoine de Buade, comte de Frontenac, et cessa de vivre en 1612. Son nom figure

---

(1) *Généalogie de la Famille de la Salle*, Bibl. Nat. Départem. des Imprimés.

(2) Bibl. Nat. Section des Mss. *Dossiers bleus*, vol. 596.

(3) Ce dernier était Seigneur de Carrières-sous-Bois de Laye; sa femme, Madeleine Olivier, restée veuve avec plusieurs enfants, épousa, en deuxièmes noces, Jean I de la Salle, dit l'aîné.

souvent dans nos *Registres paroissiaux* (1). Il habitai... es, mais il avait à Saint-Germain un hôtel... l'enseigne était : *La Galère*. Sa femme, décédée le 14 mai 1573, lui avait donné sept enfants :

1° *Charles*, dont suit la notice.

2° *Renée*, abbesse de Saint-Antoine des Champs (Paris).

3° *Anne*, abbesse de Saint-Rémy de Senlis.

4° *Marie*, prieure de l'Hôtel-Dieu de Senlis.

5° *Jacqueline*, mariée à Saint-Germain-en-Laye, le 30 novembre 1589, à noble homme Geoffroy Quevret, seigneur de Vaux-Martin, paroisse de Saint-Nom-la-Bretèche, aujourd'hui dans le canton de Marly-le-Roy (Seine-et-Oise).

6° *Hercule François*, mentionné, le 19 mai 1586, avec le titre de chevalier de Malte, mort à Saint-Germain le 11 août 1589 et, le lendemain, inhumé dans l'église paroissiale (2).

7° *Jacques*, seigneur de Puiseux, gentilhomme

---

(1) Notamment le 1er avril 1559; le 9 août 1580; le 13 octobre 1583; le 27 janvier 1584; le 13 avril 1590 et le 13 octobre 1591. Il est dit dans ce dernier acte qu'il tint sur les fonts, *Jacques*, fils de Louis Marais, l'autre parrain étant noble homme Jacques Sanguin, conseiller du roi au parlement de Paris *(Mairie de Saint-Germain-en-Laye.)*

(2) *Registres paroissiaux*, Mairie de Saint-Germain-en-Laye.

servant du roi, dont sépulture à Turin, où il était mort sans postérité (1).

Sous le gouvernement de Jean I et de Jean II de la Salle, la force du château de Saint-Germain était telle, lisons-nous dans le *Discours de l'entreprise*, que trente mille hommes n'auraient pu le prendre sans canons (2).

---

(1) Voir *Dossiers bleus*, déjà cités, vol. 596.
(2) *Archives curieuses de l'Hist. de France*, tome VIII, page 105. Il s'agit dans ce *Discours* de la tentative faite à Saint-Germain-en-Laye par le duc d'Alençon, pour s'emparer de la couronne, au détriment de Henri d'Anjou, son frère, alors roi de Pologne.

XXIV

CHARLES DE LA SALLE.

Seigneur de Puiseux et de Carrières-sous-Bois, premier maître d'hôtel de la reine Marguerite, *Charles de la Salle* était fils aîné de Jean II de la Salle et de Marie Hérouet. Nos *Registres paroissiaux* le mentionnent, sous le 13 octobre 1591, comme étant *capitaine de Saint-Germain*. Mais son père ne se démit de cette fonction que l'an 1594, en faveur d'Antoine de Buade. Comment donc expliquer ce passage ? Auraient-ils exercé cette même charge conjointement, en survivance l'un de l'autre ? c'est bien probable. Quoi qu'il en soit, Charles de la Salle fut marié à demoiselle *Anne Lemoine* et de cette union naquirent *Henri* et *Charles*. Ce dernier, seigneur de Carrières-sous-Bois, de Puiseux et de Moisille, fonda dans l'église de Mesnil-le-Roy, ensemble avec messire Jérôme Montholon, deux services complets et à perpétuité, pour le repos de l'âme de dame Claude Lemoine, décédée le 4 septembre 1661, dans sa 84ᵉ année, *ayant choisi sépulture au pays de ses père et mère, fondateurs de la susdite église, pour y attendre avec eux la résurrection et la sentence dernière* (1).

---

(1) Inscript. dans l'Eglise de Mesnil-le-Roi, canton de Saint-Germain-en-Laye.

XXV

ANTOINE, HENRI et GEOFFROY DE BUADE.

Buade, famille de la Touraine, d'où sont venus les seigneurs de Cavairac, de Palluau et de Frontenac, portait d'*Azur à trois pattes de griffon d'or, posés 2 et 1* (1). Saint-Germain-en-Laye lui doit deux capitaines et un lieutenant : *Antoine, Henri* et *Geoffroy de Buade*.

I

Antoine de Buade.

Comte de Frontenac, baron de Palluau, gentilhomme de la Chambre du roi, fils de noble Geoffroy de Buade et d'Anne de Carbonnier ou Charbonnier, *Antoine de Buade* fut

---

(1) Anselme, *Maison de France*, tome VII.

ANTOINE DE BUADE,
Gouverneur de Saint-Germain-en-Laye
(Bibl. Nat. Mss. Clairambault, n° 1133, fol. 203
et n° 1233, fol. 106.)

institué, le 27 juin 1594, sur la résignation de Jean II de la Salle, dans l'*état et office de capitaine des chasteaux, parcs et gruerie de Saint-Germain-en-Laye, de Saint-James et de la Muette*(1). Il était un des familiers de Henri IV. Sous l'an 1604, 13 septembre, nos *Registres paroissiaux* le qualifient maître d'hôtel de la reine Marie de Médicis (2); chevalier de l'Ordre du Saint-Esprit le 31 décembre 1619, il reçut de Louis XIII, en considération de ses services, par lettres signées de Montauban (25 août 1621), *don de tous les atterrissements et combles en l'étendue de la maîtrise et gruerie de Saint-Germain-en-Laye, dans la rivière de la Seine et des environs d'icelle appartenant au roy, pour iceulx posséder à titre de cens, à raison de cinq solz par an, pour chacun des arpents* (3). La maison qu'il habitait à Saint-Germain, était dans le voisinage de l'orangerie.

Sa femme, Anne de Secondat, fille de messire de Secondat, conseiller au Conseil privé du roi de Navarre, et de dame Léonore de Brignieu, qu'il avait épousée, le 11 décembre 1583, lui avait donné, entre autres enfants:

1° *Henri*, dont suit la notice.

2° *Henriette* ou Henrye, mariée à Saint-

---

(1) Biblioth. Nat. *Dossiers bleus*, vol. 143.

(2) Il avait donné à cette princessse des leçons de littérature française.

(3) Archiv. Nat. Carton 91, n° 1466.

Germain-en-Laye, le 26 avril 1605, à noble François Carbonnier, gentilhomme ordinaire de sa Majesté, cornette de la compagnie des chevau-légers de Gaston, duc d'Orléans, frère de Louis XIII. Elle est dite veuve dans un acte de baptême, 27 août 1623.

3° *Diane*, marraine à Saint-Germain, le 7 avril 1597.

4° *Jeanne*, dont baptême, le 26 mars 1598, tenue sur les fonts par Jeanne de Gondy, prieure de l'abbaye de Poissy.

5° *Roger*, qui eut pour parrain (21 mars 1601), noble Roger de Bellegarde, chevalier des ordres du roi, grand écuyer de France, et pour marraine, noble dame Diane de Lamarck. Il porte dans deux actes, dont l'un est du 7 décembre 1614, et l'autre, du 27 avril 1623, le titre d'abbé d'Aubazine (1).

6° *Anne*, tenue sur les fonts (19 juin 1602) par son frère Henri, et par demoiselle Marie de Caumont.

7° *Henri*, dont parrain, le 22 mars 1606, le connétable Henri de Montmorency, et marraine, Henriette, fille de France.

8° *Gabrielle*, mentionnée, comme marraine, dans un acte du 14 septembre 1617.

La mère de ces enfants, Anne de Secondat, mourut à Saint-Germain-en-Laye, le 30 mai 1618,

---

(1) Aubazine, abbaye d'hommes, au diocèse de Limoges.

et eut sépulture dans l'église paroissiale, où son mari avait fondé une chapelle. « Elle avait été « absoute de l'hérésie par le père Arnault, de « la Compagnie de Jésus, de qui elle avait reçu « les sacrements de Pénitence et d'Eucharistie, « l'Extrême-Onction lui ayant été donnée par « le curé du lieu, Jacques Hecquet (1) ».

2

Henri de Buade, comte de Palluau.

Fils d'Antoine de Buade et de Jeanne de Secondat, baptisé le 16 mai 1596, ayant pour parrain Henri de Bourbon, prince de Condé, *Henri de Buade*, baron, puis comte de Palluau, fut marié à Saint-Germain-en-Laye, le 28 janvier 1613, avec demoiselle Anne le Picard de Phélypeaux, fille de le Picard Raymond de Phélypeaux, secrétaire d'Etat. Successeur de son père dans la charge de capitaine, il finit ses jours en 1621. On lit dans nos *Registres paroissiaux* : « Le 27 septembre 1622, fut fait « service solennel au Prieuré d'Hennemont, « pour feu Monsieur le comte de Palluau, noble

---

(1) *Registres paroissiaux*, Mairie de Saint-Germain-en-Laye.

« *Henri de Buade*, en son vivant gouverneur
« de Saint-Germain-en-Laye, après lequel ser-
« vice fut apporté, en l'église paroissiale, son
« corps ensépulturé dans la chapelle dudit lieu
« d'Hennemont (1) ». De sa femme, qui lui sur-
vécut de plusieurs années, étaient venus :

1° *Jeanne*, qui figure comme marraine, le
9 novembre 1621, le parrain étant Benjamin de
La Rochefoucauld, mestre de camp d'un régiment de Sa Majesté.

2° *Louis*, baptisé le 30 juillet 1623, dans la
chapelle du château-vieux de Saint-Germain,
par l'archevêque de Tours, Bertrand d'Eschaux,
en présence de Louis XIII et de Henriette de
Bourbon, femme de monseigneur le duc d'Elbeuf;
soldat de bonne heure, il se couvrit de gloire
en Flandre, en Italie, en Allemagne, épousa,
le 28 octobre 1648, Anne de la Grange-Trianon,
surnommée *la divine*, et finit sa glorieuse carrière au Canada (1698), dont il avait été nommé
gouverneur, le 6 avril 1672 (2).

3° *Angélique* et *Henriette*, baptisées le même
jour (27 août 1623) ; la *première*, tenue sur les
fonts par Roger de Buade, abbé d'Aubazine, et
par Claude de Phélypeaux, femme du marquis
de Selle ; la *deuxième*, par Raymond de Phély-

---

(1) *Hennemont*, aujourd'hui dans la commune de Saint-Germain-en-Laye.

(2) Voir le *Comte de Frontenac*, par Henri Lorin, Paris, 1895.

peaux, secrétaire d'Etat, et par Henriette de Buade, femme de feu de Carbonnier (1).

3

Geoffroy de Buade.

Gentilhomme de la chambre du roi, son maître d'hôtel et son lieutenant dans la Capitainerie de Saint-Germain, *Geoffroy de Buade* était marié à Jeanne de Belin, fille de Thomas de Belin et d'Antoinette Cagnyé (2).

ENFANTS :

1° *Antoinette*, baptisée le 8 décembre 1621. Parrain : Antoine de Buade, chevalier de l'Ordre du roi, capitaine et gouverneur de Saint-Germain.

2° *Jacques*, dont parrain, le 9 février 1623, noble Jacques de Gournay, commandeur de Malte.

3° *Jeanne*, tenue sur les fonts (9 novembre 1625),

---

(1) *Registres paroissiaux*, Mairie de Saint-Germain-en-Laye.

(2) *Cagnyé*, ancienne famille de Saint-Germain, qui a fourni des personnages remarquables, entre autres, *Pierre Cagnyé*, professeur au collège de Navarre (Launoy, *Hist. du Collège de Navarre.*)

par Benjamin de La Rochefoucauld, mestre de camp, et par Jeanne de Buade, fille de feu Henri de Buade, comte de Palluau et capitaine de Saint-Germain.

4° *Marie*, dont baptême le 20 octobre 1627.

5° *Roger*, ondoyé le 30 septembre 1628, tenu sur les fonts, le 25 mars 1629, par Roger, vicomte de Lagny, et par Anne de Phélypeaux, veuve de Henri de Buade, comte de Palluau (1).

Geoffroy de Buade mourut à Saint-Germain-en-Laye le 8 mars 1629; quant à son épouse, Jeanne de Belin, elle ne cessa de vivre que le 21 mars 1668 ; ils eurent tous deux sépulture dans l'église paroissiale, le premier en la chapelle Saint-Jacques, où il fut porté par six religieux; la deuxième, en la chapelle de la Vierge, fondée par Antoine de Buade, comte de Frontenac.

NOTA.

René Carron.

Noble homme, *René Carron*, est qualifié *lieutenant* de la Maîtrise et de la Capitainerie de Saint-Germain dans plusieurs actes de nos *Registres paroissiaux*: 26 août 1597, 2 janvier 1599, 4 décembre 1600 et 7 janvier 1610.

---

(1) *Registres paroissiaux*; Mairie de Saint-Germain-en-Laye.

En cette dernière circonstance, il tint sur les fonts René, fils de Louis Dufay, l'autre parrain étant Michel Legrand, procureur du roi audit lieu. De sa famille étaient probablement : 1° *Jean Carron*, décédé à Saint-Germain le 10 juillet 1587, et inhumé, le lendemain, dans l'église paroissiale ; 2° *Antoinette Carron*, nourrice du dauphin (Louis XIII) ; 3° *Michel Carron*, marié à Blanche De Lalande, et dont la fille, Catherine, fut baptisée le 4 août 1624, ayant pour parrain noble homme Charles Lenormand, sieur de Beaumont, premier maître d'hôtel du roi, et pour marraine, dame Catherine de Neuville, marquise de Courtenvaux.

XXVI

CHARLES
DE MORNAY-MONTCHEVREUIL.

La famille de Mornay-Montchevreuil, laquelle remonte au xiie siècle d'une façon authentique et sans interruption, a pour armes : *Burélé d'argent et de gueules de huit pièces, au lion morné de sable, brochant sur le tout.* Originaire du Berry, elle vint s'établir, au xve siècle, dans le Vexin français, où les terres de Villarceaux, d'Ambleville, de Labbeville et de Montchevreuil lui étaient échues par alliance (1). Saint-Germain-en-Laye doit à cette famille un prieur-curé, en la personne de *René de Mornay de la Villetertre*, décédé en l'abbaye de Chartreuve (Diocèse de Soissons), après avoir consacré sa fortune à des œuvres de piété (2) ; et quatre capitaines-gouver-

---

(1) Boislisle, *Mémoires de Saint-Simon*, tome I, page 106, not. 3.
(2) Il a écrit la *Vie de Mademoiselle Marie de Mornay*, morte à Buly, en odeur de sainteté, et les *Vies des anciens Seigneurs de la Maison de Mornay*.

neurs, *Charles, Henri, Henri-Charles* et *Léonor de Mornay*. Ici, afin de ne pas interrompre l'ordre chronologique, nous parlerons du premier, c'est-à-dire de Charles de Mornay; les trois suivants auront leur notice ailleurs.

Charles de Mornay, premier marquis de Montchevreuil, seigneur de Fresneau, Villette et Vaudampierre, colonel d'un régiment de son nom, lieutenant général des armées du roi, chevalier de ses Ordres et *gouverneur de Saint-Germain-en-Laye*, avait pour père René de Mornay, seigneur de Montchevreuil et pour mère Françoise du Crocq, fille du seigneur de Vaudampierre et de Charlotte Montmorency-Fosseux (1). Il épousa en premières noces Marie des Essarts (2). De son deuxième mariage (11 novembre 1619), avec Madeleine de Lanci de Rarai, fille de Nicolas de Lanci, seigneur et baron de Rarai, trésorier de la Maison de Gaston, duc d'Orléans, et de Lucrèce de Lanchise (3), naquirent, entre autres enfants, *Henri*,

---

(1) Cette dernière était sœur de François Montmorency Boutteville, arrière-grand-père du maréchal de Luxembourg.

(2) Celle-ci avait pour père Adrien, seigneur de Lignières.

(3) Lucrèce de Lanchise était née de Barthelemy de Lanchise, citoyen florentin, et de Madeleine d'Aguesseau tante d'Antoine d'Aguesseau, premier président au Parlement de Bordeaux. (*Armorial général de la France*, 1738, tome IV, page 3.)

qui aura le gouvernement de Saint-Germain en 1685 ; *Gaston-Jean-Baptiste,* colonel en 1678, grand prieur de l'Ordre de Saint-Lazare en 1680, lieutenant général en 1693, grand croix de Saint-Louis, mort avec gloire, le 29 juillet 1693, à la bataille de Nerwinde ; *Marie-Madeleine,* laquelle finit ses jours dans l'abbaye royale de Saint-Antoine des Champs (Paris), le 28 mars 1722, à l'âge de 86 ans. Sur la tombe de celle-ci fut gravée une épitaphe qui célèbre ses vertus et dont il nous sera bien permis de reproduire, en cette place même, plusieurs passages, le chef de famille ayant naturellement sa part dans les éloges décernés à ses enfants : « Dame Marie-
« Madeleine de Mornay, née le 11 mai 1636,
« fille de haut et puissant seigneur Charles de
« Mornay, marquis de Montchevreuil, chevalier
« des Ordres du Roy et *gouverneur de Saint-*
« *Germain-en-Laye,* et de Madeleine de Lanci (1),
« a gouverné pendant 36 ans ce monastère dont
« elle était abbesse. En cette véritable grandeur,
« elle n'a voulu connaître que celle de la reli-
« gion. Son esprit fut rempli de sagesse et de
« prudence, et son cœur pénétré d'une sainte
« tendresse pour toutes ses filles. D'une charité
« extraordinaire pour les pauvres, d'un ardent
« amour pour Jésus-Christ, nul intervalle de sa
« longue vie n'a été vide de bonnes œuvres.

---

(1) C'est donc à tort que le Journal de Verdun (Juin 1722, page 451), lui donne pour mère *Marie des Essarts.*

« Par là, elle est devenue le modèle des dignes
« supérieures et l'objet des regrets aussi bien
« que de la vénération de toutes les personnes
« qui l'ont connue. Madame la prieure Margue-
« rite de Mornay, sa nièce, et toutes ses chères
« filles lui ont fait poser ce monument de leur
« parfaite estime, de leur juste reconnaissance
« et de leur extrême douleur (1) ».

Charles de Mornay-Montchevreuil vivait encore en 1647.

---

(1) Biblioth. Nat., *Pièces originales*, vol. 2059, p. 468.

XXVII

FRANÇOIS DE BARADAT,
Marquis de Damery.

Originaire de l'Armagnac, la Maison de Baradat ou Baradas portait : *D'azur à la fasce d'or, accompagnée de trois roses d'argent, deux en chef, et une en pointe.* François de Baradat, dont nous avons à parler ici, était marquis de Damery (Champagne), et quatrième fils de Guillaume de Baradat, gentilhomme servant du roi Henri IV, et de dame Suzanne de Romain ; présenté à la cour, Louis XIII le prit, dit-on, en telle amitié qu'il ne pouvait plus le quitter un instant ; il lui donna, en 1625, la charge de *premier écuyer de la petite écurie* (1), et, l'année suivante, la

---

(1) Cette charge donnait droit au commandement des chevaux, voitures, pages et valets de pied dont le roi se servait constamment. Le premier écuyer côtoyait la monture royale du côté du montoir, quand le roi était à cheval ; et quand celui-ci montait en carrosse, le premier écuyer prenait place à ses côtés.— On disait *Monsieur le Premier*, pour désigner le premier écuyer de la petite écurie.

capitainerie des chasteaux, parcs et forests de Saint-Germain-en-Laye (1); mais ses manières hautaines, selon les uns, ou plutôt, selon d'autres, les faveurs royales dont il était l'objet, lui suscitèrent la jalousie du comte de la Rocheguyon, du commandeur de Souvré et principalement du cardinal de Richelieu. Ce dernier, qui a décrit fort au long, dans ses *Mémoires*, les griefs qu'il avait contre le seigneur de Damery, l'appelle *Jeune homme de nul mérite, venu en une nuit comme un potiron, non élu, mais reçu du roy par une bonne fortune* (2). Baradat tomba en disgrâce le 2 décembre 1626, et peu de temps après, il fut remplacé dans le gouvernement de Saint-Germain par Claude de Rouvroy, duc de Saint-Simon. Plusieurs cours étrangères voulurent l'attacher à leurs services; mais il opposa un noble refus aux propositions les plus séduisantes, aimant mieux rester fidèle a son roi et à sa patrie.

C'était en 1636 : Louis XIII se reposait à Baye (Champagne) des fatigues de la guerre, quand Baradat lui fait savoir combien il se trouvait malheureux de ne pouvoir pas, à l'exemple des autres seigneurs, venir présenter à sa Majesté l'hommage de son respect et de son dévouement. Touché de cette démarche inat-

---

(1) Anselme, *Maison de France*, tome II, page 444; Biblioth. Nat. *Dossiers bleus*, vol. 55.

(2) *Collection Michaud et Poujoulat*, tome VII, p. 425.

tendue, Louis XIII le manda auprès de sa personne, et, après lui avoir fait un bienveillant accueil, il l'autorisa à l'accompagner à Saint-Germain-en-Laye. A cette nouvelle, Richelieu accourant de Rueil, fait remarquer au roi que le duc de Saint-Simon étant en Lorraine, à la tête de la cavalerie, il serait peu convenable de rendre ses bonnes grâces à un rival qui se vantait déjà d'avoir reconquis ses premières faveurs. Ces réflexions exercèrent sur l'esprit du roi une influence telle, que Baradat, à peine arrivé à Saint-Germain, reçut l'ordre formel de rentrer immédiatement dans ses domaines. Il mourut au château de Damery, en 1682, à l'âge de 72 ans ; il avait consacré ses derniers jours à l'éducation de sa famille.

XXVIII

CLAUDE DE ROUVROY,
Duc de Saint-Simon.

D'après plusieurs généalogistes, la famille de Rouvroy Saint-Simon remonterait en ligne directe aux comtes de Vermandois, et par de là, au noble sang de Charlemagne; mais si les titres sur lesquels on base cette ancienne et illustre origine se sont pas d'une authenticité incontestable, il est du moins certain que les premiers Rouvroy dont l'existence est hors de doute, furent de sages et vaillants chevaliers du Vermandois, qu'ils prirent part à toutes les grandes batailles de la guerre de Cent ans, et que les chroniqueurs de l'époque les mentionnent avec éloges (1).

Claude de Rouvroy, duc de Saint-Simon, objet de cette notice, était le deuxième fils de Louis de Rouvroy Saint-Simon, seigneur du

---

(1) Voir pour cette question les savantes notes de M. de Boislisle, dans *Mémoires de Saint-Simon*, 1879, tome I, *Appendice*, pages 384-428.

Plessis, Choisel, d'Ivilliers et de Rasse, et de Denise de la Fontaine. L'année précise de sa naissance n'est pas sûrement connue; les uns disent 1606, les autres 1607 (1). Jeune page de Louis XIII, il sut plaire à ce monarque par son habileté à présenter les chevaux de relai, et aussi, parce qu'il lui rendait le cor, après s'en être proprement servi. Il devint ensuite premier écuyer de la petite écurie, *capitaine-gouverneur et maître concierge des châteaux, jardins, parcs, forêts, plaines, varennes et chasses de Saint-Germain-en-Laye, ville et pont de Poissy, la Muette, Saint-James et Versailles*, grand louvetier, premier gentilhomme de la chambre, seigneur de Blainville-sur-Orne, conseiller du roi en ses conseils d'Etat et privé, gouverneur de Meulan et de Blaye, chevalier de l'ordre du Saint-Esprit, duc et pair de France. Sans avoir de grands talents militaires, il se montra brave, actif et entreprenant.

On lit dans nos *Registres paroissiaux*, sous le 12 octobre 1631 : « Baptême de Claude, fils « de Jacques de la Salle et de Guérande Garoste, « ayant pour parrain, noble homme, messire « *Claude de Saint-Simon*, écuyer de la petite « écurie du roi, gentilhomme de sa chambre, « *Capitaine de Saint-Germain-en-Laye*, repré-

---

(1) Pour concilier les deux opinions on pourrait considérer 1606, comme date de naissance, et 1607, comme date de baptême.

« senté par Claude, sieur de Moyencourt, lieu-
« tenant dudit lieu, et pour marraine, Denise
« de la Fontaine, dame de Rasse (1). »

Claude de Saint-Simon fut encore représenté, au baptême de Claude, fils de Baptiste de Lalande (20 janvier 1636) par son frère Louis de Saint-Simon, chevalier de l'ordre de Saint-Jean de Jérusalem (2), la marraine étant dame Louise de Crussol, femme de messire Charles de Saint-Simon, chevalier des ordres du roi (3). L'année précédente (1635), il avait fait élever, dans la forêt de Saint-Germain (route de Conflans), une croix sur laquelle on grava l'inscription suivante : « En actions de grâces et
« des victoires de nostre très chrestien et très
« victorieux monarque Louis XIIIme du nom,
« roy de France et de Navarre. Cette croix a
« été faite par la libéralité de messire le marquis
« Claude de Saint-Simon, duc et pair de France,
« par ordre de sa Majesté, premier écuyer,
« gouverneur des chasteaux, parcs et forests de

---

(1) Hôtel de ville de Saint-Germain-en-Laye.

(2) La conduite de Louis de Saint-Simon fera peu d'honneur à sa famille, surtout au temps de la fronde; Saint-Simon, dans ses *Mémoires*, ne dit pas un seul mot de ce Louis, bien que ce dernier fut son oncle.

(3) Charles de Saint-Simon était le frère aîné de notre capitaine-gouverneur; mort en 1690, il avait épousé, le 14 septembre 1634, Louise de Crussol, veuve d'Antoine de Budos, marquis de Portes, tué au siège de Privas (27 mai 1629) et fille d'Emmanuel de Crussol duc d'Uzès.

« Saint-Germain-en-Laye, ville et pont de
« Poissy, et ladite croix, nommée de son nom
« et posée en ce lieu le 7me jour de may 1635 ».
Ce monument renversé par les révolutionnaires
de 93, sera remis sur ses assises, sous le règne de
Louis-Philippe (1836). On y remarque, à côté
des armes de France, un blason à moitié détruit,
mais que l'on peut restituer ainsi : *Ecartelé, au
premier et au dernier, échiqueté d'or et d'azur, au
chef d'azur, chargé de trois fleurs de lis d'or ;
au second et au troisième, de sable, à la croix
d'argent, chargé de cinq coquilles de gueules.*

Disgracié, ou du moins tombé en demi-disgrâce (1636), Claude de Saint-Simon fut exilé à Blaye dont il avait le gouvernement et ne reparut à la cour qu'après la mort du cardinal de Richelieu. Louis XIII étant décédé à Saint-Germain-en-Laye (14 mai 1643), il se trouva au nombre des grands dignitaires qui accompagnèrent à Saint-Denis la dépouille royale ; le jour des obsèques (22 mai), raconte son fils, lorsqu'il dut, en qualité de *grand écuyer*, jeter l'épée du roi dans le caveau, peu s'en fallut qu'il ne s'y précipitât lui-même, tant sa douleur était profonde ! (1). Le 1er juillet 1644, il posa,

---

(1) *Mémoires de Saint-Simon*, tome I. Nous ferons observer, avec de savants auteurs, que Claude de Saint-Simon ne fut jamais *grand écuyer*; si dans cette circonstance, il en fit les fonctions, ce fut uniquement comme *premier écuyer*. En outre le *grand écuyer*, porteur de l'épée royale, ne la jetait pas dans le caveau ; il y mettait seulement la pointe.

CLAUDE DE ROUVROY, Duc de SAINT-SIMON,
Gouverneur de Saint-Germain-en-Laye,
(Biblioth. Nat., Mss. Clairambault, n° 1140, fol. 5 et 6.)

au nom de la reine mère, dans la forêt de Saint-Germain-en-Laye (quartier des Loges), la première pierre d'une église, sous le vocable de *Notre-Dame de Grâces* (1). La cérémonie que présidait le père Lazare de Sainte-Madeleine, provincial des Augustins déchaussés, se fit avec une très grande solennité. On avait gravé sur cette pierre une inscription latine, disant que l'on devait l'érection de ce monument à la piété d'Anne d'Autriche. Dessous, avaient été placées quatre médailles où étaient représentés des sujets allégoriques. On y voyait la reine mère assise sous un dais, le sceptre dans une main et le caducée dans l'autre, une église au milieu des bois, le frontispice orné d'une fleur de lis, Louis XIII tenant une balance, et Louis XIV, avec une épée et une branche d'olivier qui portait ces mots : *Qui pacis votum facit, hic pacem firmabit in armis* (2).

Claude de Saint-Simon se démit, le 16 mars 1645, de la Capitainerie de Saint-Germain, en faveur de René de Longueil, seigneur de Maisons-sur-Seine, pour la somme de quarante-trois mille écus (3). Partisan du prince de Condé, sa conduite, au temps de la fronde par-

---

(1) Il ne reste plus rien de cette église.
(2) *Maison des Loges*, ouvrage manuscrit conservé à la Bibliothèque municipale de Saint-Germain-en-Laye; voir aussi *Arch. nation*. O¹, 273, fol. 69.
(3) Olivier Lefèvre d'Ormesson, *Journal*, tome I, p. 286.

lementaire, fut d'abord douteuse, hésitante ; à la fin toutefois, il se déclara franchement pour la royauté et il rendit à celle-ci, surtout dans la Guienne, d'importants services. Il finit ses jours à Paris, rue des *Saints-Pères*, le 3 mai 1693, dans sa 87ᵉ année, après avoir épousé, en premières noces (26 septembre 1644), Diane Henriette de Budos, femme que les contemporains ont proclamée *adorable*, et, en deuxièmes, Charlotte de l'Aubespine, fille de François de l'Aubespine, marquis de Hauterive, gouverneur de Breda, en Hollande, et d'Eléonore de Volvire. De cette dernière alliance, célébrée à Paris le 17 octobre 1672, et non en 1670, comme l'ont dit, bien à tort, plusieurs biographes, naquit Louis, duc de Saint-Simon, auteur de ces fameux *Mémoires* où l'on trouve des renseignements que l'on chercherait vainement ailleurs, mais dont l'historien consciencieux ne saurait accepter les assertions sans un contrôle attentif et perpétuel.

NOTA

CLAUDE et CHARLES de MOYENCOURT
lieutenants à Saint-Germain-en-Laye

Claude, duc de Saint-Simon, avons-nous dit plus haut, fut représenté à Saint-Germain-en-Laye, le 12 octobre 1631, en qualité de parrain, par *Claude*, sieur de Moyencourt. C'est le seul endroit de nos *Registres paroissiaux* où il soit question de ce Claude ; partout ailleurs, au moins neuf fois, depuis 1632, nous y lisons *Charles Vaultier, sieur de Moyencourt, lieutenant de la maîtrise particulière des eaux, forêts et du château de Saint-Germain-en-Laye, écuyer, conseiller du roy et son maître d'hôtel.* Le 2 décembre 1634, ce même Charles tint sur les fonts Anne, fille de Charles Thierry Descarreau, la marraine étant demoiselle *Denise* de la Fontaine, fille d'honneur d'Anne d'Autriche ; le 30 mai 1645, il épousa, à Saint-Germain-en-Laye, Marie, fille de Jean Lemoine, procureur royal dans la capitainerie dudit lieu. Or, n'y aurait-il pas erreur dans l'acte du 12 octobre 1631, c'est-à-dire, ne faudrait-il pas lire *Charles* au lieu de *Claude* ? Telle a été notre première pensée ; mais en présence d'un texte si formel et surtout *contemporain*, nous avons ensuite hésité à proposer cette lecture, d'autant plus que les deux choses peuvent aisément se concilier. *Charles* a pu succéder à *Claude* dans la charge de lieutenant dès 1632, ou bien, à cette époque, il pouvait y avoir à Saint-Germain deux Moyencourt, l'un, lieutenant du château, et l'autre, de la maîtrise particulière des eaux et forêts. A cette famille appartenait *Philippe Vaultier,* sieur de Moyencourt, lequel se trouvait auprès de Saint-Simon, à Blaye, en 1689, et dont la fille Marie-Charlotte avait épousé Charles-Auguste d'Allonville, marquis de Louville.

XXIX

RENÉ ET JEAN DE LONGUEIL
marquis de Maisons-sur-Seine

La famille de *Longueil*, qui tirait son nom du bourg de Longueil, près de Dieppe, avait pour armes : *D'azur à trois roses d'argent, au chef d'or, chargé de trois roses de gueules*. A cette famille appartenaient : Adam de Longueil, un des compagnons d'armes de Guillaume le Conquérant ; Jean de Longueil, président au Parlement de Paris en 1418 et possesseur de la Seigneurie de Maisons-sur-Seine ; Richard-Olivier de Longueil, évêque de Coutances, revêtu de la pourpre romaine en 1456, décédé à Pérouse, emportant avec lui les regrets du Souverain Pontife et de tous les gens de bien ; Antoine de Longueil, chancelier, grand aumônier de la reine Anne de Bretagne, mort à Maisons le 25 août 1500 ; Christophe de Longueil, prieur de Mesnil-le-Roi et nommé à l'évêché de Dol en 1554 ; enfin *René et Jean de Longueil*, père et fils, successivement capitaines-gouverneurs de Saint-Germain-en-Laye.

René de Longueil

Il était fils de Jean de Longueil, seigneur de Maisons-sur-Seine, conseiller du roi en ses conseils, doyen de la Chambre des Comptes, et de Madeleine Lhuillier ou Luillier. Quelques auteurs lui donnent pour berceau Saint-Germain-en-Laye (1), mais dans nos *Registres paroissiaux* il n'est nullement question de sa naissance ; aurait-il vu le jour à Maisons-sur-Seine, comme le veulent d'autres historiens? Cette dernière opinion nous semble bien plus probable (2) ; une chose généralement admise, c'est qu'il vint au monde vers 1597. Conseiller au Grand Conseil (6 novembre 1618), premier président à la Cour des Aides (29 août 1630), président à mortier au Parlement de Paris (8 décembre 1642), il fut pourvu, le 16 mars 1645, sur la résignation de Claude, duc de Saint-Simon, de la capitainerie de Saint-Germain-en-Laye. On lit

---

(1) Larousse, Lalanne et la *Biographie générale* (Didot) sont de cet avis.

(2) Les Registres paroissiaux de cette époque n'existant plus à Maisons, il nous a été impossible d'établir une certitude.

dans nos *Registres* qu'il eut pour intendant et secrétaire Bernard Foubert, époux d'Anne-Marie des Anglois ; nous y trouvons aussi, sous le 19 novembre 1645 : « Baptême de Louis-Henry, « fils de Jacques Delastre, procureur du roy et « bailli de Chatou, ayant pour parrain très haut « et très puissant monarque Louis XIV, sur- « nommé Auguste et Dieudonné, Roy de France « et de Navarre, représenté par très illustre « seigneur *René de Longueil*, conseiller du roy « en ses conseils, président à mortier en sa « Cour de Parlement, seigneur de Maisons, « Grisolles et autres lieux, *capitaine et gouver-* « *neur de Saint-Germain-en-Laye, ville et pont* « *de Poissy, Versailles et dépendances*, et pour « marraine, très haute et très puissante Hen- « riette de Bourbon, reine de la Grande-Bre- « tagne, que représente sa première dame « d'honneur, Elisabeth, fille de milord Fildincq « et de Suzanne de Villers (1) ».

René de Longueil prit une large part aux conférences tenues à Saint-Germain, au temps de la guerre de la Fronde (1648), entre la Cour et le Parlement. A la mort de Particelli, sieur d'Emery, il fut nommé surintendant des finances (25 août 1650) ; mais il ne garda pas longtemps cette charge (2) ; aurait-il encouru une disgrâce ?

---

(1) Hôtel de ville de Saint-Germain.
(2) Il fut remplacé, en septembre 1651, par le marquis de la Vieuville.

On l'ignore. Quoi qu'il en soit, il conserva l'entrée au Conseil avec le titre de ministre d'Etat, et Louis XIV, par lettres d'avril 1658, érigea en marquisat le château qu'il s'était fait bâtir à Maisons-sur-Seine (1); il mourut à Paris, dans son hôtel, rue des Prouvaires, le 1er septembre 1677. Son épouse, Madeleine de Boulenc de Crevecœur, qui était décédée le 11 avril 1636, lui avait donné, entre autres enfants : *Jean*, gouverneur de Saint-Germain, dont suit la notice ; *Guillaume*, abbé de Conches, conseiller au Parlement et restaurateur du prieuré d'Hennemont ; *Marie-Renée*, femme d'Antoine-Maximilien de Belleforière, marquis de Soyecourt, chevalier des Ordres du roi et grand veneur de France.

René de Longueil avait eu pour lieutenant à Saint-Germain, noble homme Nicolas Dupont, sieur de Compiègne, conseiller, maître d'hôtel ordinaire du roi et marié à dame Henriette.

---

(1) Ce château fut bâti sous la direction de François Mansard. Olivier d'Ormesson qui le visita en 1645, a dit à ce sujet : « C'est un bâtiment magnifique, de très grande dépense; il y a de très grandes terrasses de terres apportées. Enfin, c'est une dépense de sept à huit cent mille livres » *Journal*, tome I, p. 286. — Devenu en 1778 propriété du comte d'Artois, vendu pendant la Révolution, habité durant quelques années par le duc de Montebello, il fut acheté par le fameux banquier Laffitte, qui lui a laissé son nom.

Cette dernière figure, en qualité de marraine, le 9 février 1648 et le 16 juin 1649 (1).

2

Jean de Longueil

Fils aîné de René de Longueil et de Madeleine Boulenc de Crèvecœur, dame de Grisoles, *Jean de Longueil* fut marquis de Maisons-sur-Seine, président à mortier au Parlement de Paris, maître des requêtes, chancelier d'Anne d'Autriche et capitaine-gouverneur des châteaux de *Versailles* et de *Saint-Germain-en-Laye* (2). — Bien que sa conscience, disent les *Mémoires de Saint-Simon*, « fût incorruptible « ostensiblement, il était, d'autre part, toujours « prêt à tout accorder, du moment que l'on « donnait de l'argent à une dame Bailly, dont il « avait fait sa maîtresse (3) ». Louis XIV dut intervenir en personne pour mettre fin à l'exis-

---

(1) *Registres paroissiaux.*

(2) La Chenaye des Bois, *Dictionnaire de la Noblesse*, tome XII.

(3) Cette Bailly serait, d'après le Père Léonard, Esther Hallé, fille d'un conseiller au Parlement de Rouen, mariée, le 10 septembre 1659, avec Alexandre-Paul Bailly, mort en 1701, après avoir été écuyer de la reine d'Espagne et de la duchesse de Chartres. Dans le *Dictionnaire des Précieuses*, elle porte le pseudonyme de Beronice. (Boislisle, *Mémoires de Saint-Simon*, tome III, page 97.)

tence vraiment scandaleuse qu'il menait au château de Maisons. Il mourut, le 10 avril 1705, étant octogénaire. De Loüise de Ficubet, qu'il avait épousée, le 29 juin 1656, mais dont il s'était séparé, pour vivre librement avec la fameuse Bailly, étaient nés :

1° *Jean-René*, seigneur de Poissy, conseiller au Parlement de Paris, décédé sans alliance, en mai 1687.

2° *Claude*, venu au monde vers 1667, marquis de Poissy, président à mortier, marié en premières noces, à Marie-Madeleine de Lamoignon (1), et en deuxièmes, à Marie-Charlotte-Roque de Varengeville (2). C'est en faveur de son fils, Jean-René, reçu membre honoraire de l'Académie des Sciences (23 août 1726) que le roi, par lettres du 30 mai 1718, avait consenti à distraire du *gouvernement de Saint-Germain* les terres de Maisons, de Poissy et de Saint-James (3).

---

(1) Celle-ci était fille de Christine-François de Lamoignon, avocat général au Parlement de Paris. (*Journal de Verdun.*)

(2) Née à Venise, morte le 5 mai 1727, elle aurait été, selon Villars, qui l'aimait passionnément et qui avait épousé sa sœur cadette, *Jeanne-Angélique*, une femme de beaucoup d'esprit et jouissant d'une grande considération.—D'après Saint-Simon, elle et son mari auraient été, au point de vue de la religion, des esprits forts, et s'en targuaient publiquement.

(3) Après la mort de Jean René, issu du second mariage, ces terres furent réunies de nouveau à la capitainerie de Saint-Germain.

3º *Renée-Suzanne*, abbesse de Sainte-Perrine de la Villette (Paris), morte en 1733, dans sa 75ᵉ année.

4º *Louise-Françoise*, abbesse de Notre-Dame de Meaux, dont décès l'an 1713.

5º *Marie-Thérèse*, née à Maisons-sur-Seine et dont l'amour pour la solitude lui fit prendre le voile de Saint-Dominique, dans le monastère royal de Poissy, où elle fut le modèle de toutes les vertus. On lui doit plusieurs ouvrages de piété (1).

La mère de ces enfants, Louise de Fieubet, décédée subitement, le 13 novembre 1698, âgée de 48 ans, était fille de Gaspard de Fieubet, baron de Lansac, et sœur de Gaspard de Fieubet, conseiller au Parlement de Toulouse (1646) et à celui de Paris (1649). Madame de Coulanges lui reconnaissait un très bon cœur ainsi qu'une véritable générosité; mais le Chansonnier (Mss. Franç., page 529, Biblioth. Nat., 12617) dit « qu'elle avait peu d'esprit, très bourgeoise, laide, avec un teint de corbeau et que cependant elle fesait la coquette et degoisait souvent hors de propos (2). »

---

(1) Voir, Biblioth. *La Croix du Maine ;* Lebœuf, *Histoire du diocèse de Paris ;* Moreri, *Dict.* tome VI. Article Longueil; Tournon, *Histoire des personnes illustres* de l'Ordre de Saint-Dominique, tome III.

(2) Boislisle, *Mémoires de Saint-Simon*, tome III, page 97.

XXX

LOUIS-LE-NORMAND,
Seigneur de Beaumont.

Beaumont, ancienne et noble famille de Normandie, portait : *D'azur à un chevron d'or, chargé de deux lions affrontés de sable, armés et lampassés de gueules, et accompagnés de trois bourdons de pélerin d'or, posés deux en chef et un en pointe* (1). Le nom de Beaumont figure plusieurs fois dans nos *Registres paroissiaux* (2); nous y remarquons notamment : Nicolas de Beaumont, gentilhomme de Sa Majesté, grand maître des eaux et forêts de Normandie; François de Beaumont, prêtre, chapelain de Sa Majesté, en la chapelle du château vieux ; Charles-le-Normand, gouverneur de la Fère; Louis-le-Normand, dit le Dragon, chevalier, seigneur de Beaumont, conseiller du roi en ses Conseils, grand tranchant de Sa Majesté, cornette blanche de France.

---

(1) Biblioth. Nat. *Mss. Cabinet d'Hozier.*
(2) Hôtel de Ville de Saint-Germain-en-Laye.

Ce dernier, *capitaine-gouverneur de Saint-Germain-en-Laye*, était deuxième fils de Charles-le-Normand, chevalier, seigneur de Beaumont, conseiller du roi en ses Conseils d'Etat, mestre de camp d'un régiment entretenu, premier maître d'hôtel de Sa Majesté, gouverneur de la Fère, et de Geneviève Morlet de Museau. On a dit parfois qu'il avait été élu capitaine de Saint-Germain dès l'an 1656; mais il l'était avant cette époque, comme le prouvent deux actes contemporains, dont l'un est du 24 juillet 1653, et l'autre, du 20 janvier 1654. Il est écrit dans le premier : « Fut enseveli dans l'église paroissiale « sieur Ozon, domestique de messire de Beau- « mont, capitaine-gouverneur de Saint-Ger- « main-en-Laye ». On lit dans le second que Henri de Soulaigre, concierge et garde-meuble pour le roi à Saint-Germain, épousa Marie-Antoinette Bonnejoie, « étant présents, René « Legrand, seigneur des Alluets, Antoine Fer- « rand, prêtre, licencié en théologie, et *Louis- « le-Normand*, chevalier, sieur de Beaumont, « capitaine et gouverneur de Saint-Germain, de « Versailles et autres lieux (1) ».

De Marie Reymond de la Chaise, lui vinrent deux enfants, *Gabrielle* et *Louis*. Celui-ci, né à Saint-Germain-en-Laye, le 25 mai 1654, fut tenu sur les fonts, le 22 novembre suivant, par

---

(1) *Registres paroissiaux*, Hôtel de ville de Saint-Germain-en-Laye.

sa sœur Gabrielle et par très révérend père en Dieu, Louis-le-Normand, abbé de l'abbaye de Beaupré, en Picardie; reçu page de la grande écurie du roi en 1668, il sera tué en duel (1677), étant sous-lieutenant.

Marie Reymond de la Chaise est mentionnée, comme étant veuve, dans un acte du 20 septembre 1660 (1); son époux était en effet décédé le mois de mai précédent : « Le 4 mai 1660
« fut inhumé dans l'église paroissiale, à la des-
« cente de la clôture du grand autel, messire
« *Louis-le-Normand*, chevalier, sieur de Beau-
« mont, capitaine et gouverneur pour le roy de
« Saint-Germain-en-Laye, Versailles et lieux en
« dépendants, lequel sieur de *Beaumont* avait
« été, le jour précédent, malheureusement as-
« sassiné d'un coup de pistolet, dans les bois
« de Saint-Germain, par deux cavaliers inconnus.
« Vespres des morts et suffrages accoutumés
« solennellement chantés en son honneur (2) ».
Ces deux cavaliers s'étant enfuis en Angleterre, seront condamnés à être roués vifs. On devait prendre sur leurs biens une somme suffisante pour ériger une chapelle à l'endroit même où avait été commis cet assassinat; mais, comme ils ne possédaient en France aucun patrimoine,

---

(1) *Baptême de Louis*, fils de Jean Brisson, dont elle fut marraine, le parrain étant Louis XIV, représenté par le duc de Maupau, capitaine-major de Sa Majesté.

(2) *Registres paroissiaux*.

cette dernière partie du jugement ne put être mise à exécution. Jadis, sur un tronc de chêne (route de Maisons), s'élevait une croix en souvenir de notre capitaine-gouverneur. La croix a disparu, mais une étoile de la forêt porte encore le nom de *Beaumont*. Sous son gouvernement, messire de la Valle fut lieutenant en la maîtrise et capitainerie de Saint-Germain-en-Laye.

XXXI

JEAN-BAPTISTE-AMADOR DE WIGNEROT-DU-PLESSIS,
Marquis de Richelieu.

De François de Wignerot ou Vignerod, deuxième du nom, marquis du Pont de Courlai en Poitou (1), et de Marie-Françoise de Guemadeuc (2), étaient nés cinq enfants, entre autres, *Jean-Baptiste-Amador*.

Ce dernier, venu au monde le 8 novembre 1632, fut marquis de Richelieu, mestre de camp, en 1650, maréchal de camp, en 1652, brigadier de la première création de 1657, lieutenant-général des armées du roi, capitaine de Saint-Germain-

---

(1) François de Wignerot, mort en 1646, était fils de René de Wignerot et de Françoise du Plessis, sœur du cardinal de Richelieu.

(2) Cette dernière se maria en deuxièmes noces à Jacques de Grivel de Gamaches, comte d'Ourouer, gouverneur de Fougères.

en-Laye et de Versailles, le 10 mars 1661 (1). Il avait épousé, le 6 novembre 1652, Jeanne-Baptiste de Beauvais, fille de Pierre de Beauvais, baron de Gentilly, conseiller du roi, lieutenant-général de la prévôté de l'hôtel; et de Catherine-Henriette Bellier, favorite de la reine Anne d'Autriche, dont elle était la première femme de chambre (2). Cette alliance, dont Bartet a raconté les péripéties dans une lettre au cardinal de Mazarin (21 novembre 1652), émut toute la cour. La duchesse d'Aiguillon, Marie-Madeleine de Wignerot, tante et tutrice du jeune marié, prétendit la faire annuler, sous prétexte qu'elle avait été conclue secrètement (3); mais la reine intervint et le différend fut assoupi.

C'était le 3 novembre 1661 : Des actions de grâces étant célébrées dans l'église paroissiale de Saint-Germain-en-Laye, en mémoire de

---

(1) Pinard, *Chronique militaire*, tome VI, page 333; Anselme, *Maison de France*, tome IV, page 376; Moreri, *Dictionnaire*, tome X, page 611.

(2) Elle s'était mariée à Pierre de Beauvais, à Saint-Germain-en-Laye, le 23 février 1634; parmi les témoins figure son père, noble Philandre Bellier *(Reg. paroiss.)*.

(3) La duchesse d'Aiguillon était restée veuve, sans enfants, d'Antoine de Grimoard de Beauvoir du Roure, seigneur du Combalet (Ardèche). Elle avait voulu également faire casser le mariage contracté par Armand-Jean, frère aîné de notre gouverneur, le 26 décembre 1649, au château de Trie (Oise), avec Anne de Poussard de Vigean, veuve du marquis de Pons.

l'heureuse naissance du dauphin, fils aîné de Louis XIV, Jean-Baptiste-Amador « parut à la
« cérémonie avec les officiers du roy et les plus
« notables de la cité ; le soir, il y eut feu de joie
« dans la basse cour du château-vieux, où tous
« les officiers et principaux habitants se trou-
« vaient sous les armes. On tira grande quantité
« de mousquetades ; puis, furent exposés dans
« la cour nombreux couverts de pain, de vin,
« de viande, en abondance; plusieurs muids de
« vin furent défoncés, pour régaler le peuple, le
« tout fait par libéralité et munificence de
« monsieur le Gouverneur (1) ». La femme de celui-ci, Jeanne-Baptiste de Beauvais, décéda le mois d'avril 1663, à l'âge de 27 ans (2). Elle avait donné le jour à cinq enfants : *Louis*, marquis de Richelieu; *Louis-Armand* de Wignerot du Plessis; *Marie-Françoise*, religieuse à Chelles; *Elisabeth* et *Marie-Marthe*. Quant à son époux, il avait cessé de vivre en 1662 :
« Cette année, 11 avril, mourut en Nostre-
« Seigneur Jésus-Christ, après avoir reçu, pen-

---

(1) *Reg. paroissiaux.* Hôtel de ville de Saint-Germain-en-Laye. *Louis* nommé Monseigneur, Dauphin et plus tard grand Dauphin, était né à Fontainebleau, le 1er novembre 1661 ; il sera baptisé, le 21 mars 1668, avec un éclat extraordinaire, dans la cour du Château-vieux de Saint-Germain-en-Laye.

(2) Elle figure, en qualité de marraine, à Saint-Germain-en-Laye, le 19 février 1662, le parrain étant messire Courtin, conseiller du roi en ses conseils.

« dant sa maladie, les Saints Sacrements de
« Pénitence, d'Eucharistie et de l'Extrême-
« Onction, haut et puissant seigneur, messire
« *Amador-Jean-Baptiste du Plessis*, marquis de
« Richelieu, lieutenant des armées du roy,
« *capitaine et gouverneur de Saint-Germain-en-*
« *Laye*, de Versailles et aultres lieux en dépen-
« dant. Ce Seigneur a été grandement regretté
« et particulièrement de tous les habitants et
« bourgeois de Saint-Germain-en-Laye. Le 12
« dudit mois fut solennellement chantée messe
« haute de *Requiem*, par dévotion particulière
« de MM. le Curé et de ses prêtres, pour le
« repos de l'âme dudit sieur marquis (1) ». Ses
restes furent inhumés à Paris, dans l'église de
la Sorbonne; il portait : *Ecartelé au 1 et 4 d'or,
à trois hures de sanglier de sable, qui est de
Wignerot; au 2 et 3 d'argent, à trois chevrons
de gueules, qui est de Plessis-Richelieu.*

---

(1) *Reg. paroissiaux.* Hôtel de ville de Saint-Germain-en-Laye.

XXXII

HENRI DE DAILLON,
Duc du Lude.

La ville de Lude, chef-lieu de canton, arrondissement de la Flèche (Sarthe), d'abord châtellenie, puis comté (1545) et duché-pairie (1675), a donné le nom à une famille d'où sont issus d'illustres personnages. Sous le règne de Louis XI, Jean, seigneur du Lude, était lieutenant-général des armées; ses deux fils, Jacques et François, se signalèrent par leur bravoure, le premier, à Brescia, et le deuxième, à Ravennes, où il mérita le surnom de *chevalier sans peur et sans reproche* (1). De Jean de Daillon, comte du Lude, chambellan de François Ier, et d'Anne de Batarnay, petite-fille du fameux seigneur du Bouchage, naquit Guy de Daillon, gouverneur du Poitou, lieutenant du duc de Mayenne, honoré du collier des Ordres, le 31 décembre 1581 et mort le 11 juillet 1585, après s'être

---

(1) Brantôme, dans *Panthéon littéraire*, tome I, p. 212.

distingué dans toutes les guerres de religion (1). *Henri* de Daillon, auquel nous consacrons les lignes suivantes, se montrera digne de ses ancêtres :

Fils unique de Timoléon de Daillon et de Marie Feydeau, comte, puis duc du Lude, marquis d'Illiers et de Bouillé, baron de Briançon, seigneur de Pontgibaut, premier gentilhomme de la Chambre du roi (1653), chevalier des Ordres de sa Majesté (1661), il fut pourvu, le 26 avril 1662, du gouvernement de *Saint-Germain, de la Muette, de Saint-James, de Poissy, de Versailles et autres lieux*; et afin de lui fournir les moyens de subvenir dignement aux dépenses « qu'exigeait une charge de cette
« nature, sa Majesté voulut qu'il jouît de l'entier
« revenu de la seigneurie du Pecq et du Vésinet,
« consistant en haute, basse et moyenne justice,
« cens, revenus, saisines, amendes, terres, prés,
« vignes, comme aussi de la coupe du bois-
« tailli de Fourqueux et de tout le revenu de la
« terre et seigneurie de Saint-Germain-en-
« Laye (2) ». Comme les fermiers des domaines de la couronne lui contestaient divers droits,

---

(1) On trouve son portrait dans les *Mss. de Clairambault*, n° 1115, fol. 166. Il eut trois sœurs dont l'une avait nom *Françoise de Daillon*, celle-là même, peut être, qui est mentionnée, comme marraine, dans les *Reg. paroissiaux* de Saint-Germain-en-Laye, sous le 19 janvier 1584.

(2) Biblioth. Nat. *Chambre du Domaine*, liasse Z^1F.

HENRI DE DAILLON, Duc DU LUDE
Gouverneur de Saint-Germain-en-Laye
(Bibl. Nation. Mss. Clairambault, n° 1150, fol. I.)

notamment celui de forage, des lettres royales leur firent défense expresse de lui procurer aucu. trouble, ni empêchement, sous peine de tous dépens, dommages et intérêts (1).

A la prise de Lille, mois d'août 1667, Henri de Daillon avait été un des premiers à monter à l'assaut. Présent aux sièges de Maestricht, de Besançon, de Dôle et de Limbourg, grand maître et capitaine général de l'artillerie de France, colonel du régiment des fusiliers en 1671, duc et pair en 1675, colonel du régiment des bombardiers en 1684, il termina sa glorieuse carrière, l'année suivante, 30 août, à Paris, dans l'hôtel de l'Arsenal, laissant une immense fortune, mais sans postérité. Sa dépouille mortelle fut transférée à Illiers et mise au tombeau de ses prédécesseurs. Il portait d'*azur à la croix engrelée d'argent*. Madame de Sévigné, dans ses lettres, parle souvent de lui, avec le ton de l'estime, tout en y mêlant, selon sa coutume, un peu de badinage. C'était, au dire de Saint-Simon « un homme brave, galant, magnifique, « bien fait, adroit et grand chasseur (2) ». Ménage le place au nombre des plus diserts de cette époque. Il nous reste de lui plusieurs quittances, entre autres, celle-ci : « Nous *Henri*

---

(1) Ces lettres sont datées de Saint-Germain et notification de ladite défense fut publiée, en l'église paroissiale, au prône de la grand'messe.

(2) *Mémoires*, édit. Boislisle, tome III, page 360.

« *de Daillon*, duc du Lude, conseiller du roy en
« ses conseils, chevalier des ordres de sa
« Majesté, grand maître et cappitaine général des
« armées du roy, colonel du régiment des fuzi-
« liers de sa Majesté, *gouverneur et cappitaine
« de Saint-Germain-en-Laye*, Versailles, la
« Meute (Muette) et Sainte-James, ville et pont
« de Poissy et lieux en dépendant, confessons
« avoir reçu la somme de deux cents livres, pour
« une année de gages, comme *cappitaine et
« concierge* du château de la Meute, eschue au
« dernier décembre mil huit cent soixante
« huit (1) ».

Il s'était marié, en premières noces, avec Renée-Eléonore de Bouillé, comtesse de Créance, toujours dans ses terres, chasseresse à outrance et ne se plaisant qu'aux chevaux, et, en deuxièmes (1681), avec Marguerite-Louise-Suzanne de Béthune, fille de Maximilien-François de Béthune, duc de Sully, pair de France, et veuve, depuis 1674, d'Armand Grammont, comte de Guiche. Cette dernière était renommée surtout par sa beauté. Madame de Coulanges disait en 1704 : « Nous avons eu la duchesse » du Lude, quatre jours ; cela devient ridicule « d'être aussi belle ; les années coulent sur elle, « comme l'eau, sur la cire ». Elle se retira chez les Carmélites et Madame qui vint la visiter, en 1719, raconte qu'elle souffrait nuit et jour de la

---

(1) Biblioth. Nat. *Dossiers bleus*, vol. 229.

goutte; mais qu'elle était toujours gaie et tranquille, et que, malgré ses soixante-dix ans, elle ne paraissait pas en avoir plus de cinquante (1).

NOTA

Artistes à Saint-Germain-en-Laye.

Voici les noms de plusieurs artistes qui, sous le gouvernement de Henri de Daillon, duc du Lude (1662-1685), travaillèrent aux châteaux de Saint-Germain (vieux et neuf), et dans leurs dépendances.

Anguier (Guillaume), peintre, fit en 1670, pour 8568 livres de travaux, au vestibule ainsi qu'aux appartements de Louis XIV.

Berthier (Charles). Travaux de rocaille, en 1669, dans le petit appartement du roi, et, en 1673, dans celui d'Ahenaïs de Mortemart,

---

(1) *Lettres de Madame*, édit. Brunet, tome II, page 115. Elle est représentée deux fois au Musée de Versailles, comme comtesse de Guiche et comme duchesse du Lude. Un exemplaire de ce dernier portrait se voit au château de Mouchy. Elle est également représentée dans la *Collection Clairambault*, Mss. 1150, fol. 1.

marquise de Montespan. En 1679, il fut chargé de réparer les grottes du château vieux.

Briot, miroitier, reçut 1457 livres, en 1669, pour payement des glaces qu'il avait composées et mises au petit appartement du roi.

Caffière (Philippe) et *Lespagnandel* (Mathieu). Année 1669. Pour travaux de sculpture dans la chapelle du château-vieux, 2196 livres, et pour travaux dans le petit et grand appartement de Louis XIV, 9292 livres.

Cuccy (Domenico), fondeur, sculpteur et ciseleur. 18071 livres, pour ouvrages, en 1670, dans les appartements du roi et de la reine.

Desjardins (Martin), sculpteur, travailla au château du Val et reçut pour à compte, en 1676, la somme de 1500 livres (1).

Deville (Arnold), gentilhomme liégeois, travailla dès 1669, à deux machines dont l'une avait pour but d'élever les eaux de la Seine sur la terrasse de Saint-Germain, et l'autre, dans le château du Val. Cette dernière située au moulin de Parfour, à Carrières-sous-Bois-de-Laye, fut terminée en 1681. C'est aussi à Deville et à ses

---

(1) Le château du Val, sis à Carrières-sous-Bois-de-Laye.

deux compatriotes Paul et Renkin Sualem que l'on devait la construction de cette fameuse machine de Marly qui causa d'abord une admiration universelle, mais qui ne donna pas les résultats attendus.

Errard (Charles), peintre du roi, voyagea en Flandre, en 1665, pour y acheter les figures, les bustes et les tableaux qu'il jugeait dignes des Maisons royales. En 1666, il fit pour 2406 livres d'ouvrages dans le château de Saint-Germain.

Hutinot (Pierre), sculpta, en 1669, les armoiries placées sur la porte de la chancelerie, rue de Pontoise.

Jouvenet (Jean), peintre, fut employé à Saint-Germain en 1671 et 1681; cette dernière année, il effectua pour 2250 francs de travaux au cabinet de madame de Fontange.

La Baronnière (Paul-Goujon), peintre et doreur. Année 1670; il reçut 10568 livres pour ouvrages dans le petit appartement du roi, et 2328 livres pour autres ouvrages au vestibule de la terrasse; il travailla aussi au château-neuf.

Le Hongre (Etienne), sculpteur. En 1679, divers travaux dans l'appartement de madame de Blois.

Lescuyer (Antoine), dessinateur des bâtiments

du roi, leva, en 1679, les plans des châteaux de Saint-Germain-en-Laye (1).

Loir (Nicolas), peintre-graveur. 10100 livres, pour travaux, en 1674, dans l'appartement de madame de Montespan.

Le Moyne (Jean et Louis). 9300 livres pour peintures dans le petit appartement du roi, en 1669. Ils ornèrent en 1670, le vestibule de la terrasse, pour la somme de 2334 livres.

Marat (Jean), architecte, exécuta en 1669, au château-vieux, pour la duchesse de la Vallière et la marquise de Montespan, plusieurs ouvrages d'ornements, entre autres, des grottes dans leurs salons. A cette époque la grotte, que le xvie siècle avait reléguée dans les jardins, envahissait même l'intérieur des palais. On comptait au moins cinq grottes dans la seule Maison royale de Saint-Germain, une chez le roi, et quatre dans les logements occupés par les grandes dames dont nous venons de parler. Aujourd'hui, selon la remarque de M. Jules Guiffry, on chercherait vainement dans les châteaux de France un seul exemple de grotte d'appartement; « mais certains palais étrangers, et particulièrement le château royal de Munich,

---

(1) Il était marié à Julie Godard.

offrent encore des spécimens de ce bizarre caprice de la mode (1) ».

Mansard (Jules-Hardouin), reçut l'ordre en 1682, d'augmenter le château-vieux de cinq gros pavillons.

Michel-Ange Buanarotti, orna de peintures à fresques, en 1689, la petite chambre et le cabinet de Louis XIV. Il ne faut pas le confondre avec Michel-Ange de Caravagne qui vivait en ce temps-là, et auquel on doit le beau portrait en pied du grand maître de Malte, Alof de Vignacourt.

Monnoyer (Baptiste), peintre-fleuriste, fut employé au château en 1669.

Le Nôtre (André), construisit en 1676 cette splendide terrasse de Saint-Germain, qui est encore de nos jours l'admiration du monde entier; dominant la vallée de la Seine, elle a 2,400 mètres de long sur 35 mètres de large.

Poisson (Jean), peintre. Pour à-compte des travaux aux châteaux vieux et neuf, en 1669, il reçut 29.800 livres. Les Poisson, père et fils, étaient depuis longues années, peintres en titre et conservateurs des peintures des châteaux de

---

(1) *Comptes des bâtiments du roi.* Introduction, p. LV.

Saint-Germain-en-Laye. Un membre de cette famille, Louis Poisson, peintre ordinaire de Louis XIII, mourut au dit lieu en 1613 et fut inhumé dans l'église paroissiale.

Quesnel (Philippe). 1599 livres pour travaux de rocailles, en 1669, dans le petit appartement de Louis XIV.

Thierry (Alexandre), répara les orgues de la chapelle du château-vieux et reçut pour à-compte, en 1685, la somme de 14500 livres.

Troye (François de), fit en 1671 plusieurs tableaux pour Louis XIV et en 1673, le portrait de la marquise de Montespan.

Tuby (Jean-Baptiste), sculpteur, travailla en 1664 et 1665 aux grottes et à la façade de la terrasse (1).

---

(1) Voir les *Comptes des bâtiments du roi*, par Jules Guiffry.

XXXIII

HENRI DE MORNAY,
Marquis de Montchevreuil.

Deuxième marquis de Montchevreuil, *Henri de Mornay* vint au monde en 1622. Fils de Charles de Mornay, premier marquis de Montchevreuil et de Madeleine de Lanci de Rarai (1), page de Gaston de France, capitaine au régiment du cardinal de Mazarin en 1646, puis commandant du même régiment, renommé pour le courage dont il fit preuves dans maintes circonstances, notamment à la bataille de Lens (1648), gouverneur du comte de Vermandois et du duc de Maine (2), il fut pourvu de la capitainerie de

---

(1) Voir ci-dessus, page 103. *Charles de Mornay-Montchevreuil.*

(2) Deux fils naturels de Louis XIV, nés à Saint-Germain-en-Laye. (Voir *Reg. paroissiaux*, 2 octobre 1667, et 21 mars 1670.

Saint-Germain, en survivance avec son fils, par lettres du 30 août 1685, signées *Louis* et contresignées *Colbert*. Le lendemain survinrent d'autres lettres d'où nous détachons les passages suivants : « Louis, par la grâce de Dieu, roy de
« France et de Navarre, à nos amez et féaux
« conseillers les gens tenans nostre Chambre
« des Comptes, présidents et trésoriers de
« France au Bureau de nos finances, salut :

« Ayant pourvu nos chers et bien amez les
« sieurs de Montchevreuil, père et fils, en sur-
« vivance l'un de l'autre, de la *charge de capi-*
« *taines et gouverneurs de nos chasteaux, parcs*
« *et chasses de Saint-Germain-en-Laye*, nous
« voulons qu'ils jouissent de la même pension
« qu'avoit feu notre cousin, duc du Lude, sur
« notre domaine de Paris. A ces causes, nous
« avons auxdits sieurs de Montchevreuil, père
« et fils, donné et octroyé par ces présentes,
« signées de nostre main, la somme de deux
« cens soixante seize livres, treize solz, quatre
« deniers, par chacun an, pour par eux en jouir
« si longtemps qu'ils seront pourvus de ladite
« charge, et en estre payés sur leurs simples
« quittances, par les receveurs de notre domaine,
« à Paris (1). »

Présent, comme témoin, au mariage secret de

---

(1) Archiv. Nat. *Reg. des Lettres patentes* Z¹F 607, fol. 90; *Etat de la France*, 1702, page 333.

HENRI DE MORNAY, Marquis de MONTCHEVREUIL,
Capitaine et Gouverneur de Saint-Germain-en-Laye
(Biblioth. Nat. Mss. Clairambault, n° 1164, fol. 103.)

Louis XIV avec Madame de Maintenon (1), Henri de Montchevreuil reçut, en décembre 1688, le collier des Ordres. Quelque temps après, Jacques II, roi d'Angleterre, étant venu chercher un refuge à Saint-Germain-en-Laye, il fut chargé de faire rendre à ce monarque exilé les mêmes honneurs que lorsqu'il était sur le trône. Sa résidence était au château neuf (2), tandis que Jacques II habitait, au château vieux, les appartements naguère destinés à Louis XIV. C'est Montchevreuil qui, en 1690, fit agrandir et rectifier la route qui menait de Saint-Germain à Poissy, route alors presque impraticable, surtout en hiver. Comme témoignage de gratitude, les habitants lui élevèrent, au milieu de la voie, un obélisque, en forme de croix (3). En 1696, accompagné du jeune duc de Maine, il posa dans

---

(1) Selon les uns, ce mariage aurait eu lieu en 1684; d'après d'autres, en 1686. Il n'y eut aucun contrat, aucune stipulation. L'archevêque de Paris donna la bénédiction. Louis XIV, comblé de gloire, dit Voltaire : « voulait mêler aux fatigues du Gouvernement les douceurs innocentes d'une vie privée. Ce mariage ne l'engageait à rien d'indigne de son rang. On respectait en Mme de Maintenon le choix du roi, sans la traiter en reine. »

(2) Le 7 juin 1693, Claude Lafontaine reçut 33 livres, pour avoir mis en couleur le parquet de neuf chambres occupées dans le château-neuf par de Montchevreuil et sa femme. (*Comptes des bâtiments du roi*, tome III, p. 882.)

(3) Cet obélisque tombant en ruines fut remplacé par un *poteau* qui gardait le nom de Montchevreuil, mais dont il n'existe plus de vestiges.

l'*hôpital général* de Fillancourt, la première pierre d'une nouvelle chapelle (1). Profondément honnête et désintéressé, courageux et entreprenant, dévoué à Louis XIV, qui lui portait une grande estime, après avoir tenu, pendant vingt-une années, le gouvernement de Saint-Germain où ses bienfaits, dit Saint-Simon, furent très nombreux, il termina sa carrière à Versailles, âgé de 84 ans, le 2 juin 1706 (2).

Marguerite Boucher d'Orsay, qu'il avait épousée le 1er juin 1653, était fille de Charles Boucher, seigneur d'Orsay, conseiller au parlement de Paris, contrôleur général de l'artillerie, et de Marguerite Bourlon. Son décès eut lieu le 25 octobre 1699 ; elle est mentionnée, en qualité de marraine, dans les *Registres paroissiaux* de Saint-Germain-en-Laye, sous le 21 avril 1687. Saint-Simon, *dans ses Mémoires*, nous a laissé de cette dame un portrait bien peu flatteur. « C'était, dit-il, une grande créature, maigre, jaune, qui riait niais, montrant de

---

(1) Fillancourt (*Filiolicurtis*) fait partie aujourd'hui de Saint-Germain-en-Laye. Cet *Hôpital général* avait été bâti, en 1686, par ordre de Louis XIV ; il ne faut pas le confondre avec un autre *Hôpital* que Mme de Montespan avait fondé dans le voisinage, en 1678.

(2) Trois jours après, son corps fut apporté en l'église paroissiale de Saint-Germain, et de là, au château de Montchevreuil. Saint-Simon le fait mourir tantôt à Saint-Germain, tantôt à Versailles. Ce dernier sentiment est le seul vrai.

longues et vilaines dents, dévote à outrance, d'un maintien composé et à qui il ne manquait que la baguette pour être une fée parfaite ; tout, jusqu'aux ministres, tremblait devant elle. » Mais gardons-nous de prendre à la lettre les paroles de ce haut, jaloux et partial seigneur, dont les jugements sont si fréquemment sujets à revision. La marquise de Montespan regardait au contraire Madame de Montchevreuil comme une *fort bonne femme* et sa mort lui causa de vifs regrets. Rappelons-nous surtout que Louis XIV l'avait honorée d'une considération toute particulière, qu'elle était de tous les voyages et toujours avec Madame de Maintenon, autre personne qui, malgré ses nombreuses et recommandables vertus, n'a pu trouver grâce devant Saint-Simon.

ENFANTS DE HENRI DE MONTCHEVREUIL.

Henri-Charles, capitaine-gouverneur de Saint-Germain-en-Laye (voir article suivant page 153).

François, abbé de Saint-Quentin, de Notre-Dame de Champagne, puis de Beauvais en 1691, mort à Paris, âgé de 72 ans, le 2 décembre 1730 ; il avait renoncé à l'aînesse de sa naissance, en faveur de son frère puîné, pour rester dans l'état ecclésiastique.

Léonor, successeur de son frère Henri-Charles dans le gouvernement de Saint-Germain-en-en Laye (1).

René, abbé de Moutier-la-Celle, en Champagne, puis d'Orcamps, archevêque de Besançon (1717), ambassadeur de France à Lisbonne, décédé à Bagnères (1721), à son retour de Madrid.

Louis, auteur de la branche des seigneurs de la Chapelle.

Madeleine, religieuse à Variville, morte abbesse de Notre-Dame de Meaux.

Bonne-Angélique, mariée, le 22 septembre 1685, à Etienne-Joseph, comte de Manneville et marquis de Charlemenil (2). Nos Registres paroissiaux la mentionnent, avec son frère François, sous le 30 mars 1682, au baptême de Françoise-Marguerite, fille de Charles Laborde, garçon du gobelet de sa Majesté.

Catherine-Françoise, dont décès à Sevenas, en Lyonnais, le 23 avril 1729, à l'âge de 51 ans. Elle avait épousé, le 19 novembre 1693, Armand, marquis de Pracomtal, tué à la bataille de Spire, 15 novembre 1703 (3).

---

(1) Voir ci-après page 155.

(2) Chéruel, *Mémoires de Saint-Simon*, tome I, page 22, note 1 ; Boislisle, idem, tome I, page 105, note 4.

(3) *Journal de Verdun*, décembre 1717, janvier 1721, juin 1729. — Boislisle, *Mémoires de Saint-Simon*, tome I, page 240, note 2.

XXXIV

HENRI-CHARLES
DE MORNAY-MONTCHEVREUIL,
Comte de Mornay.

Fils aîné de Henri de Mornay, et de Marguerite-Boucher d'Orsay, reçu page du roi dans la grande écurie, en janvier 1673, cornette au régiment d'Heudicourt, capitaine de cavalerie (1680), colonel du régiment de Béarn (1684), puis capitaine-gouverneur de Saint-Germain-en-Laye conjointement avec son père (1685), Henri-Charles de Mornay-Montchevreuil fut tué d'un coup de canon, au siège de Manheim, dans le Palatinat, le 9 novembre 1688, étant aide de camp de Monseigneur (1). A cette nouvelle, rapporte le marquis de Sourches, « Louis XIV « alla rendre lui-même visite à la marquise de

---

(1) Le même coup avait tué le sieur Ardenne, lieutenant des Gardes de Monseigneur le duc de Maine *(Journal de Dangeau*, tome II, page 210.)

« Montchevreuil et ne balança pas pour la
« consoler, de donner à son fils, le chevalier, la
« survivance de la capitainerie de Saint-Ger-
« main-en-Laye et le régiment qu'avait feu de
« Mornay, son frère (1) ».

Henri-Charles qui, pour se distinguer des autres membres de sa famille, avait pris le titre de comte de Mornay, s'était marié le 1er septembre 1685, à Versailles, en présence de Louis XIV, avec Françoise-Renée de Coëtquen-Combourg. Cette dernière finit ses jours au Calvaire du Marais, le 9 mai 1743, dans sa 73me année (2); elle était fille de Henri ou Hercule Coëtquen, comte de Combourg, et de Guillemette Belin, dame de la Marzelière (3).

---

(1) *Mémoires*, tome II, page 274. Voir aussi *Journal de Dangeau*, tome II, sous la date du 14 novembre 1688.

(2) Boislisle, *Mémoires de Saint-Simon*, tome I, p. 56. La Chenaye des Bois, *Diction. de la Noblesse*, ne lui donne que 71 ans.

(3) Après la mort de son mari, Guillemette ou Marguerite Belin s'était retirée dans la maison de Mme de Miramion, et ce fut là que Mme de Maintenon fit le mariage de Charles-Henri de Mornay, avec Mlle Coëtquen. C'est à tort que l'on a écrit *Coesquen*, *Couesquen* et *Couasquin*. (Boislisle, *Mémoires de Saint-Simon*, tome I, page 56, note 6.)

XXXV

LÉONOR DE MORNAY,

Comte de Mornay
et marquis de Montchevreuil.

Leonor de Mornay, comte de Mornay, puis, marquis de Montchevreuil, fut page de Mademoiselle, capitaine au régiment du roi, colonel du régiment de Béarn et *gouverneur de Saint-Germain*, en survivance avec son père, après la mort de son frère aîné, au siège de Manheim (1688). Colonel du régiment du Poitou (1689), maréchal de camp (1702), lieutenant général (1704), il combattit vaillamment à la bataille de Ramillies. Gouverneur titulaire de Saint-Germain-en-Laye, dès le 2 juin 1706, il garda cette charge jusqu'à son décès, arrivé le 18 octobre 1717. De sa femme, Marie-Gabrielle du Gué de Bagnols, morte en 1734, à l'âge de 70 ans, en l'abbaye de Bon-Secours (Faubourg Saint-

Antoine, Paris) (1), étaient venus : *René de Mornay*, marquis de Montchevreuil, *Christophe-Léonor de Mornay*, seigneur de Vau-Dampierre, et une fille, dont les généalogistes ne donnent pas le nom, mais qui fut mariée à un seigneur de Lusignan (2).

NOTA

En 1711, Jean de Sanguinière était maître particulier de la maîtrise des eaux et forêts; le 9 mai de cette année, il demanda au contrôleur général un arrêt pour forcer les habitants d'Achères, du Mesnil et de Carrières-sous-Bois à faire pâturer les prés qui leur ont été abandonnés par le roi, en dédommagement des usages qu'ils avaient dans la forêt de Saint-Germain, au lieu d'en vendre la récolte, comme le leur permettait une sentence de la table de marbre (3).

---

(1) Elle était fille de Pierre du Gué, seigneur de Méridon, et d'Anne Millet.

(2) Biblioth. Nat., *Dossiers bleus*; La Chenaye des Bois, *Diction. de la Noblesse*. Potier de Courcy, *suite du Père Anselme*, tome X, page 391.

(3) *Correspondance des Contrôleurs généraux des finances*, Boislisle et Brotonne, tome III, page 373.

XXXVI

MAURICE-ADRIEN, LOUIS ET JEAN-LOUIS-FRANÇOIS DE NOAILLES.

Noailles, dans le Limousin, autrefois duché-pairie, a donné le nom à une famille qui ne le cède à nulle autre ni par son ancienneté, ni par ses gloires (1). Ses armes sont : *De gueules à la bande d'or*. Saint-Germain-en-Laye lui doit trois capitaines-gouverneurs : Maurice-Adrien, Louis et Jean-Louis-François de Noailles.

I

Maurice-Adrien, duc de Noailles.

Né à Paris, le mois de septembre 1678, d'Anne-Jules, premier duc de Noailles, pair et

---

(1) Anselme, *Maison de France*, tome IV, page 782; *Armorial général de la France*, 1738. Reg. Ier, page 407.

maréchal de France (1), et de Marie-Françoise de Bournonville, fut nommé au gouvernement de Saint-Germain par lettres royales du 27 octobre 1717. En voici un extrait :

« La charge de capitaine-gouverneur et maistre
« concierge de nos chasteaux, jardins, parcs,
« forests et chasses de Saint-Germain, estant
« vacante par le décès du comte de Mornay,
« nous avons cru ne pouvoir faire plus digne
« choix pour la remplir que de la personne de
« nostre très cher et bien amé cousin, Adrien-
« Maurice, duc de Noailles, pair de France,
« chevalier de la toison d'or, grand d'Espagne,
« lieutenant général de nos armées, capitaine
« de la compagnie écossaise des gardes de
« nostre corps, président de nostre Conseil et
« des finances. Les preuves qu'il a données de
« sa capacité, de son zèle et de son dévoue-
« ment au service de notre feu roi, l'affection
« et l'attachement qu'il a pour nous, et la con-
« naissance particulière que nous avons de ses
« rares vertus, nous ont porté, dès notre avène-
« ment à la couronne, à le charger de l'adminis
« tration de nos finances ; et, comme nous ne
« voulons pas laisser échapper aucune occasion
« de lui témoigner des marques de notre satis-
« faction, nous avons jugé à propos de le

---

(1) C'est à lui que l'église paroissiale de Saint-Germain est redevable d'une chaire magnifique, primitivement destinée à la chapelle de Versailles.

« pourvoir, de l'avis de nostre oncle, le duc
« d'Orléans, Régent, de la charge de capitaine-
« gouverneur et maistre concierge de nos chas-
« teaux, jardins, parcs, forests, plaines, garennes
« et chasses de Saint-Germain, la Muette,
« Saint-James, et dépendances, à la réserve de
« la ville et pont de Poissy, et de la terre et
« seigneurie de Maisons (1). »

Adrien de Noailles se fit bâtir à Saint-Germain-en-Laye, sous la direction de Jules Hardouin, un hôtel d'une magnificence vraiment royale, qui sera vendu pendant la Révolution au sieur Bezuchet, acheté plus tard par divers particuliers, enfin détruit ; il était dans l'emplacement qu'occupent aujourd'hui les rues de Noailles et d'Alsace ; pour lui ouvrir une belle entrée, en formant une place régulière (2), on avait démoli l'hôtel d'Aumont et une partie de celui de Vendôme. Dans le parc, lequel n'avait pas moins de 90 arpents, se trouvaient de superbes hêtres rouges, des cèdres du Liban (3), une forteresse flanquée de tours ainsi qu'un vaste tronc offrant

---

(1) Arch. Nat. *Registre* Z¹P 619, page 120.

(2) C'est aujourd'hui la place de Pontoise.

(3) On voit encore un de ces cèdres, rue d'Alsace nº 10, dans la propriété du bien regretté feu M. Langlois. Ce dernier avait fait don à la ville d'un groupe en pierre (deux enfants), provenant de cet hôtel, et que l'on a installé dans le Parterre de Saint-Germain (Jardin anglais).

un boudoir richement décoré (1). C'est aussi au duc de Noailles que l'on devait la construction d'une chapelle dans le Vésinet dont il était fermier, et, dans la forêt de Laye, d'un riche pavillon, précédé d'une colonne cannelée, sise sur un piédestal de trois marches et surmontée d'une croix de fer (2). Le 24 décembre 1732, en présence de la municipalité de Saint-Germain, il avait posé la première pierre du Regard de Montaigu, dans le village de Chambourcy ; chevalier des Ordres du roi le 23 juin 1724, maréchal de France pendant le siège de Philipsbourg (1734), général en chef des armées d'Italie (1735), ministre d'Etat, ensuite ambassadeur extraordinaire à Madrid, il mourut à Paris, le 24 juin 1766, étant presque nonagénaire. Il avait une belle âme, un esprit supérieur, une gaieté charmante, l'amour du roi et de la patrie, le zèle du bien ainsi qu'une ardeur infatigable pour le travail (3). Son épouse, fille unique de Charles, comte d'Aubigné, et nièce de Madame de Maintenon, était décédée à Saint-Germain en 1739 : « Cette année-là, 7 octobre, est-il écrit « dans nos *Registres paroissiaux*, a été apporté « à cette église et de là transféré en celle de Saint-

---

(1) Il ne reste guère plus de cet hôtel que l'orangerie et deux corps de logis.

(2) Le pavillon a disparu, mais la colonne existe encore, moins la croix.

(3) L'abbé Millot, *Mémoires du duc de Noailles*.

« Paul de Paris, pour y être inhumé, le corps
« de très haute et très puissante dame *Françoise-*
« *Charlotte-Amable d'Aubigné*, femme de très
« haut et très puissant seigneur Adrien-Maurice,
« duc de Noailles, pair et maréchal de France.
« Vespres chantées, présent tout le clergé, dont
« les sieurs Simon-Georges Middleton et Jacques
« Doureux, prêtres, ont signé, avec les amis de
« ladite défunte, décédée, en son hôtel, le jour
« précédent. »

Il était d'usage, à Saint-Germain-en-Laye, de souhaiter la bonne année au capitaine-gouverneur, en lui offrant un don tout particulier. Cet usage, interrompu pendant quelques années, fut rétabli en faveur de notre Maurice de Noailles. Voici à quelle somme s'éleva le présent qu'on lui fit le 1er janvier 1728 :

Pour sucre, bougie, vins, liqueurs et chocolat......	759 liv.	13 sols.
Pour 4 jambons de Mayence.	70 »	2 »
Pour un baril d'anchois.....	14 »	» »
Pour vins (Champagne et Bordeaux)..............	49 »	» »
Pour 4 flambeaux (cire blanche)..................	14 »	» »
Pour domestiques..........	60 »	» »
	966 liv.	15 sols.

2

Louis, duc d'Ayen.

Fils aîné du précédent, Louis de Noailles, né à Versailles, le 21 avril 1713, n'avait pas encore atteint sa cinquième année, quand il fut pourvu, en survivance avec son père, du gouvernement de Saint-Germain-en-Laye. Il est dit dans les lettres de nomination : « Nous avons donné à
« nostre cher et bien amé Louis de Noailles la
« charge de cappitaine de la première compagnie
« écossaise des gardes de nostre corps, et vou-
« lant encore luy donner des nouvelles marques
« de nostre bienveillance, luy accordons en
« même temps la survivance de cappitaine-
« gouverneur et maistre concierge de nos chas-
« teaux, jardins, parcs, forests, plaines, garennes
« et chasses de Saint-Germain-en-Laye, la Meute
« (Muette), Sainte-James et dépendances, à la
« réserve de la ville et pont de Poissy, de la
« terre et seigneurie de Maisons, sans qu'il
« soit tenu de prêter autre serment que celuy
« qu'en a cy-devant fait ledit sieur duc de
« Noailles (1) ».

---

(1) Arch. Nation, *Titres domaniaux* (Seine-et-Oise), cote 91, 1466. Ces lettres sont datées du 2 février 1718.

Marquis de Maintenon, comte de Nogent-le-Roy, pair de France, duc héréditaire par lettres royales de février 1737, érigeant les terres de Noailles et de Solignac en duché sous le nom d'Ayen, *Louis de Noailles* devint, en 1740, brigadier des armées du roi, maréchal de camp (1743), et lieutenant général en 1748. Jusqu'à ce jour, il n'avait pas prêté serment pour la charge du gouvernement de Saint-Germain; or, jugeant nécessaire d'avoir des lettres de *surannation* (1), il en fit la demande à Louis XV, et sa Majesté « désirant lui donner des marques « de satisfaction pour les services qu'il avait « déjà rendus et qu'il continuait de rendre, lui « confirma sans retard ladite charge, mandant « au chancelier de France, de le mettre en pos- « session dudit office, non obstant la suranna- « tion des lettres royales du 2 février 1718 (2) ». Il prêta serment de fidélité, le 10 mars 1748, et, le 8 juin suivant, il fut solennellement installé par messire Jacques-Lion de Coligny, chevalier de l'ordre militaire de Saint-Louis, et sous-lieutenant de la capitainerie de Saint-Germain (3).

---

(1) Lettres que l'on obtenait pour rendre la force et la validité de celles qui étaient *surannées*, concédées depuis longtemps.

(2) Ces lettres de confirmation sont datées du 7 mars 1748.

(3) Ce Jacques de Coligny mourut à Saint-Germain-en-Laye, le 6 novembre 1754, âgé de 72 ans. *(Registres paroissiaux.)*

Quelque temps après, pour l'indemniser de certains revenus que le roi s'était réservés, on lui accorda la jouissance de mille soixante-quatre arpents et cinquante perches de terres, sises dans les seigneuries de Garennes, d'Achères et de Fromainville (1).

Chevalier des ordres du roi en 1749, gouverneur titulaire de Saint-Germain dès 1756, sur la démission de son père, il fut honoré du bâton de maréchal de France, le 30 mars 1775. Lorsque les Saint-Germinois célébreront sur le parterre (14 juillet 1790), l'anniversaire de la prise de la Bastille, on le verra, en présence du corps municipal, des notables, du clergé séculier, des religieux Récollets, de l'état-major et de la compagnie de la garde nationale, jurer, à haute voix, fidélité à la Patrie, au Roi et à la Constitution. Alors régnait dans tous les cœurs un grand esprit de concorde et de dévouement fraternel; ce fut une belle fête, mais qui devait être hélas! sans lendemain. La femme de notre gouverneur, Françoise-Charlotte de Cossé, fille aînée de Charles-Timoléon-Louis de Cossé, pair et grand panetier de France, périt sur l'échafaud le 22 juillet 1794. Quant à lui, il était mort l'année précédente, à Saint-Germain-en-Laye.

« Le jeudi, vingt-deux août, mil sept cent
« quatre-vingt-treize, l'an deuxième de la Répu-

---

(1) Ces terres étaient comprises dans la capitainerie de Saint-Germain.

« blique une et indivisible, Nous officier public,
« soussigné, selon la déclaration qui nous a été
« faite, aux termes de la loy du vingt-deux sep-
« tembre dernier, nous nous sommes trans-
« porté, rue de Pontoise, où nous avons trouvé
« *Louis Noailles,* âgé de quatre-vingt ans passés,
« époux de Catherine-Françoise-Charlotte Bris-
« sac, décédé aujourd'hui en sa maison, susdite
« rue, à cinq heures du soir, en présence des
« citoyens Etienne Faudran, âgé de quarante
« ans et de Lazare Guenot, âgé de cinquante
« ans, tous deux domiciliés en cette ville, les-
« quels ont signé avec nous, comme témoins,
« les jours, mois et an que dessus. *Faudran —*
« *Guenot — Blondeau,* officier public (1) ».

Louis d'Ayen laissait par testament trente mille livres qui devaient être distribués aux pauvres de Saint-Germain. Peu de jours avant la Révolution, il fit décorer, avec des tapisseries des Gobelins, la salle où la municipalité tenait ses séances (2). Il avait eu pour lieutenants le duc de Bouillon et Claude-Augustin de Santeuil, conseiller du roi. La fille de ce dernier, Françoise-

---

(1) *Etat civil* de Saint-Germain-en-Laye.

(2) Hôtel de la Chancellerie, *rue de Pontoise.* — Il existe encore plusieurs fragments de ces tapisseries, dont deux sont fort remarquables; l'un a pour sujet le *Sicilien* ou l'*Amour peintre;* le sujet de l'autre est emprunté au quatrième acte de *Psyché.* (Voir à l'Hôtel de ville, même rue, autrefois Hôtel de la Rochefoucauld.)

Eléonore, née à Saint-Germain, rue de Pontoise, fut tenue sur les fonts, le 2 septembre 1770, par André de Santeuil, écuyer, ancien échevin de Paris, et par Françoise Juliette, femme de Jean Houllier.

3

Jean-Louis-François-Paul, duc de Noailles.

Gouverneur de Saint-Germain-en-Laye et capitaine des chasses, mestre de camp et propriétaire du régiment de Noailles (cavalerie), brigadier des armées du roi, maréchal de camp, lieutenant-général, gouverneur du Roussillon, capitaine de la première compagnie des gardes du corps, chevalier de la Toison d'Or (1780), lieutenant-général en 1784, puis duc de Noailles, pair de France (1814) et membre de l'Académie des Sciences (1816), *Jean-Louis-François-Paul*, fils aîné du précédent, avait vu le jour à Paris en 1739.

Sous le règne de Louis XVI, alors qu'il s'agissait d'achever la construction de l'église paroissiale de Saint-Germain, il prit fortement à cœur de sauvegarder les intérêts de la ville, tout en s'efforçant de hâter le plus possible les travaux d'un monument dont les besoins se faisaient vivement sentir (1) Nous avons une preuve de ces nobles sentiments dans ses correspondances avec l'intendant de la généralité de Paris, l'archevêque de Lyon et notamment avec l'évêque d'Autun, administrateur général; il disait à ce dernier, dans une lettre datée de Versailles, 19 janvier 1788 : « La ville de Saint-Germain a représenté au roi, par la voie de son Conseil, les exemples des temps les plus anciens où les rois ont toujours contribué aux dépenses de son église, comme *seigneurs* et *principaux propriétaires*. L'exemple de Louis XIV ne peut laisser à cet égard aucune espèce de doute, de même que celui des rois ses prédécesseurs. Mais dans cette requête, ce qui est infiniment plus convaincant en faveur de la ville, que les citations tirées de ses archives, c'est l'impossibilité absolue où elle se trouve de pourvoir à cette dépense, étant bornée à un revenu d'environ 4,000 livres, n'ayant aucun octroy, surchargée depuis quelque temps d'un impôt assez onéreux pour la conduite des eaux qui lui sont nécessaires et pour l'entretien d'une compagnie d'*invalides* qui s'y trouve établie pour la police (2). Vous pouvez voir par vous-même combien un

---

(1) On était obligé de faire le service divin dans la chapelle que nous appelons aujourd'hui chapelle *Sainte-Anne*.

(2) Ces invalides (50 sous-officiers) envoyés par le Gouvernement, étaient logés dans un grand bâtiment cons-

retard de vingt-deux ans dans les travaux de cette église en a nécessairement accru les dépenses, par la dégradation des ouvrages antérieurement effectués et par beaucoup de faux frais employés en pure perte. » Il est parfaitement vrai, ajoute-t-il, que le premier devis de la dépense a été réduit à 500,000 livres, de 1,200,000 livres où il avait d'abord été porté ; mais il s'en faut encore de 184,400 livres que les fonds assurés par le roi soient suffisants pour mener l'œuvre à bonne fin. Or, dans le cas où cette dépense ne pourrait être assurée, il faudrait nécessairement suspendre les travaux et retomber dans les inconvénients du passé. Il termine par cette réflexion :
« Si toutefois vous regardiez comme un objet
« pouvant tirer à conséquence de ne faire con-
« tribuer en rien la ville de Saint-Germain, je
« demanderai alors qu'elle soit imposée en
« quelque sorte pour la forme et que cette
« somme aille tout au plus à 20,000 livres. Je
« n'ai à ce sujet aucune mission de sa part; la
« *qualité de gouverneur* dont mon père me laisse
« faire la fonction en cette circonstance, ne me
« donne aucune part directe à son administra-
« tion, mais je crois cependant pouvoir me
« hazarder à offrir une pareille somme, certain

---

truit par M. Guy ; ils restèrent à Saint-Germain jusqu'en 1789, où ils furent désarmés et dispersés par le peuple; le bâtiment existe encore au bout de la rue de Lorraine, à son extrémité N.-O.

« que ses moyens la placent dans l'impossibilité
« de faire davantage (1). »

Jean-Louis de Noailles, marié en premières noces (1755) à Henriette-Anne-Louise d'Aguesseau, fille de Jean-Baptiste-Paulin d'Aguesseau, comte de Compans, seigneur de Fresnes, et en deuxièmes, à la comtesse de Golowkin, mourut en 1824, au château de Fontenay-Trésigny (Seine-et-Marne). Un de ses cousins, Louis-Marie, vicomte de Noailles, lequel était allé dans le Nouveau-Monde, avec les marquis de Rochambeau et de la Fayette et une foule de jeunes officiers français, combattre pour la liberté, sous les drapeaux du grand Washington, accueillira avec enthousiasme les *immortels principes de 89;* il sera le premier, dans la fameuse nuit du 4 août, à faire, sur l'autel de la Patrie, le sacrifice de tous les privilèges féodaux.

Les Noailles aimaient à répandre leurs bienfaits sur les indigents; on trouvait chez eux bienveillance, justice et protection. En outre, ils surent obtenir de la Cour tout ce qui pouvait être utile à la cité dont ils furent les Gouverneurs éclairés. Il est donc tout naturel que leur mémoire soit demeurée particulièrement chère aux habitants de Saint-Germain-en-Laye.

---

(1) Arch. Nat. *Commission des Secours,* carton G.

APPENDICE

CAPITAINERIE
MAITRISE ET GRUERIE

Nous donnons ici, ayant surtout pour guide nos *Registres paroissiaux* (1), une liste des officiers qui furent, sinon tous, du moins le plus grand nombre, sous la dépendance directe des Gouverneurs de Saint-Germain-en-Laye. Les uns exercèrent leurs fonctions dans la capitainerie, d'autres dans la maîtrise, d'autres enfin dans la gruerie dudit lieu (2). Bien que cette

---

(1) Ils remontent à l'an 1550. Voir à l'Hôtel de Ville de Saint-Germain-en-Laye.

(2) Les bâtiments de la Capitainerie étaient situés, *Place du Château*, en face de l'hôtel de Conti, n° 14; ceux de la Maîtrise et de la Gruerie se trouvaient dans la forêt, au quartier des Loges. Il ne reste plus rien de ces bâtiments.

liste soit très incomplète, nous n'hésitons pas à la placer sous les yeux de nos lecteurs ; il y a des noms qui peuvent intéresser certaines familles ; au surplus, il est toujours utile de recueillir les fragments afin qu'ils ne périssent pas : *Colligite fragmenta ne pereant.*

Allardin (Michel), sergent de la capitainerie, mourut à Saint-Germain, le 17 octobre 1661, dans sa 77ᵉ année. Sépulture dans l'église paroissiale. Le 7 janvier 1637, il avait paru, en qualité de parrain, au baptême de Blanche, fille de Jacques Vinage, sergent aussi dans la susdite capitainerie.

Annesy (Michel-Alexandre), noble homme, inspecteur général de la capitainerie, mourut à Saint-Germain-en-Laye, âgé de 59 ans, le 8 février 1762.

Antoine (Jean), noble homme, garçon ordinaire de la chambre du roi, marié à Saint-Germain le 13 mai 1664, avec *Henriette-Françoise de Monsigot* (1), figure dans un acte

---

(1) Le mariage fut béni par messire André Guignard, prêtre, docteur en théologie, principal du collège de Navarre, et oncle du marié.

de l'an 1702, *comme inspecteur de la capitainerie*, concierge et garde-meuble de l'hôtel de la Chancellerie, rue de Pontoise; il est souvent question de sa personne et des siens dans nos *Registres paroissiaux* (1). C'est peut-être à lui-même qu'il conviendrait d'attribuer un manuscrit intitulé : *Capitainerie de Saint-Germain* et signé *Antoine*. Il est dit dans la préface : « En pré-
« sentánt cet ouvrage à Sa Majesté (Louis XIV),
« je me propose de lui donner des marques de
« ma reconnaissance pour les grâces qu'il me
« fait tous les jours ainsi qu'à ma famille, laquelle
« a l'honneur de la servir et d'habiter le château
« de Saint-Germain depuis près de cent ans. »

Aubel (Georges), garde des plaisirs du roi dans la capitainerie (2), marié à *Charlotte Laflèche* qui lui donna, en 1655, un fils, *Jean-Antoine*, dont baptême le 19 janvier, même année, dans l'église paroissiale de Saint-Germain-en-Laye.

Bachelier (François), fils de Gabriel Bachelier, valet de chambre du duc de la Rochefoucauld, devint le confident tout-puissant de Louis XIV, fut substitué aux Noailles, en 1730, comme

---

(1) La famille de *Monsigot* est mentionnée dans ces mêmes *Registres* dès l'an 1550.

(2) On appelait *plaisirs du roi*, toute l'étendue du pays sis dans une capitainerie où la chasse était réservée au roi.

inspecteur général des châteaux de Versailles et de Marly et mourut le 8 mai 1754, dans sa 69ᵉ année, gouverneur du vieux Louvre et de la conciergerie de Saint-Germain (1).

Baron (François), est qualifié inspecteur des chasses en la capitainerie, dans un acte de mariage célébré à Saint-Germain-en-Laye, le 7 octobre 1765, entre Claude-René, fils majeur de Jean-Baptiste de la Salle, et entre Marguerite Acar, fille mineure de feu Geoffroy Acar et d'Angélique Dumesnil.

Beauville (Charles de), écuyer, sieur de Lestel, fut nommé lieutenant de la capitainerie, sur la demande de Henri de Daillon, duc du Lude; il paraît, avec ce titre, dans un acte de baptême, 20 septembre 1665, la marraine étant Anne Dutillet, femme de noble Charles Philibert de Moncrif, écuyer, l'un des vingt-cinq gentils-hommes de la garde écossaise de Sa Majesté et demeurant à Fourqueux (2), canton de Saint-Germain-en-Laye.

---

(1) Boislisle, dans *Mémoires de Saint-Simon*, tome XI, page 75.

(2) La famille de *Moncrif* est plusieurs fois mentionnée dans nos *Registres paroissiaux*. Un *Moncrif* (Pierre), marié à Charlotte Cagnyé de Saint-Germain-en-Laye, était en 1652, premier *Exempt* de la garde écossaise du roi. Les *Exempts* étaient des gardes du corps, chargés d'assurer l'exécution des ordres du roi.

Benoist (Jacques), garde des plaisirs du roi en toute l'étendue de la capitainerie, époux de Françoise de Lalande, mourut à Saint-Germain le 21 mai 1652. Sépulture dans l'église paroissiale.

Bertin (Pierre), prévôt de Maisons-sur-Seine, concierge du château-neuf de Saint-Germain, est qualifié lieutenant en la gruerie, dans un acte du 24 février 1643.

Binet (Etienne), garde des plaisirs dans la capitainerie, fut marié à Saint-Germain, le 9 février 1654, avec *Anne Sermoise*. Nous remarquons parmi les témoins : Messire de la Valle, lieutenant dans la capitainerie et la maîtrise; Anne Cagnyé, mère de l'épouse, et Michel Chopart, prêtre-chapelain de l'église paroissiale.

Blésimare (Antoine-Louis), conseiller du roi, garde de la maîtrise des eaux et forêts de Saint-Germain, figure comme témoin, le 13 juin 1769, au mariage de Louis-Jean-Baptiste de Soulaigre, écuyer, mousquetaire du roi dans sa première compagnie et porte-manteau de Sa Majesté, avec demoiselle Françoise-Sophie Philibois, fille de messire Jean-Louis Philibois, greffier de la maîtrise dudit lieu.

Bocquet (Antoine), époux de *Germaine Mercier*, était fauconnier du roi dans la capitainerie, en 1647. Un Jean Bocquet, peut-être de la même famille, avait été conseiller et secrétaire de Henri IV en 1606, année où ses deux filles, Henriette et Françoise, furent baptisées à Saint-Germain, ayant le dauphin pour parrain et la sœur de ce dernier, pour marraine.

Bonneson (François-Claude-Emmanuel), fils de Louis-Andrieux Bonneson, horloger de feue Marie d'Este, reine d'Angleterre, est qualifié ingénieur-géographe de la capitainerie. Le 21 avril 1739, par permission du curé de Saint-Germain, il fut marié, à minuit, dans la chapelle de l'hôtel de Noailles, à dame Barlow, veuve de Pierre Farell, docteur en médecine.

Bouillon (duc de). Il avait reçu du duc de Noailles, dont il était lieutenant, des ordres tout particuliers pour la conservation du gibier dans un canton dépendant de la capitainerie de Saint-Germain et situé entre Meulan et Mantes. Les gardes qu'il avait mis dans ce canton, faisaient observer les règlements avec la plus sévère exactitude. C'est en vain que les habitants du lieu se plaignirent maintes fois de l'énorme préjudice causé à leurs récoltes par la trop grande quantité du gibier; enfin, au nombre de huit cents, armés de bâtons, ils massacrèrent tout ce qu'ils purent atteindre de lapins et de perdrix. On prétend qu'un de leurs curés aurait dit en chaire : « Mes enfants, un tel jour, à telle heure, je ferai une battue; je vous exhorte à vous trouver tous au rendez-vous ». Les gardes s'opposèrent inutilement à cette sédition ; il fallut avoir recours à la maréchaussée (1).

Boullard (Guillaume), substitut du procureur de la capitainerie, mourut à Saint-Germain, le 8 décembre 1569. De sa femme, *Antoinette Legendre*, étaient nés plusieurs enfants, entre autres, Pierre Boullard, qui eut pour parrain, 17 août 1554, Dominique Boullard, curé de la paroisse d'Achères (2).

Boullard (Louis) est mentionné, en 1626, comme étant inspecteur, commissaire et examinateur dans la capitainerie de Saint-Germain (3).

Buade (Geoffroy de), maître d'hôtel de Sa Majesté, lieutenant de la capitainerie, mort à Saint-Germain en 1629 ; il était marié à Jeanne de Belin, dont décès en 1668. — Ils eurent sépulture dans l'église paroissiale. (Voir ci-dessus, page 99).

---

(1) *Mémoires du duc de Luynes*, 1863, tome XIII, page 185.

(2) Ce dernier devint ensuite curé de Saint-Germain où il mourut, en 1595. C'est le premier qui ait tenu les regîstres des *baptêmes, mariages* et *sépultures*.

(3) La famille *Boullard* est une des plus anciennes de Saint-Germain ; elle était alliée aux Hautecourt.

Buchet (Jean du), fut gruyer en 1594, à la place de Pierre de Lou, qui était décédé (1).

Bude (Etienne), garde des plaisirs dans toute l'étendue de la capitainerie. (Acte du 25 octobre 1638). Un de ses parents, *Jacques Bude*, était, en 1624, seigneur de Bigneaux et contrôleur général de la maison de la reine.

Bullé, arpenteur. En 1681, il reçut 331 livres, 12 sols, pour avoir travaillé avec des experts aux mesurage, arpentage et estimation des terres prises pour faire les murs de clôture de Saint-Germain-en-Laye (2).

Burgerin (Marin), garde des plaisirs dans la capitainerie, donna en 1639, quittance de trois cents livres (3).

Cagneu (Charles), garde des plaisirs, marié à *Perrette Rousselot*, qui donna le jour, le 18 août 1660, à Joseph Cagneu, tenu sur les fonts, par Germaine Navarre, femme de noble Louis Dupuy, lieutenant de la maréchaussée de

---

(1) Sauval, *Antiq. de Paris*, III, page 508.

(2) *Comptes des bâtiments du roi*, par Jules Guiffry, page 1262.

(3) L'original de la quittance existe encore.

l'Ile-de-France, et par Joseph Cagneu, aide-bouche de la duchesse d'Orléans (1).

Cagnyé (Antoine), garde des plaisirs, épousa, à Saint-Germain, le 1ᵉʳ juillet 1649, *Marie Leroux*, veuve de Philippe-Henri, lequel avait été garde des plaisirs de la même capitainerie.

Cagnyé (Claude), procureur en la gruerie, finit ses jours à Saint-Germain, le 13 novembre 1648. Sépulture dans l'église paroissiale.

Cagnyé (Etienne), greffier de la capitainerie et de la maîtrise, bailli du Port-au-Pecq, sieur du Clos Lambert, fut marié à Saint-Germain, le 27 novembre 1640, à *Catherine Moyer*, fille de Charles Moyer, procureur royal; mort audit lieu, le 16 juin 1665, il fut inhumé dans l'église paroissiale, devant l'autel de la Sainte-Vierge; il était cousin de noble Charles Cagnyé, docteur ès-arts et principal du Collège de Navarre.

Cagnyé (Jérôme), conseiller du roi et procureur dans la gruerie. Femme : *Marie Pepin*, décédée à Provins, d'où son corps fut transporté à Saint-Germain, pour être inhumé dans l'église paroissiale (1651).

---

(1) *Cagneu*, ancienne famille de Saint-Germain-en-Laye. — Nos Registres paroissiaux mentionnent *Pierre Cagneu*, sous le 26 octobre 1551.

Caron, arpenteur de la maîtrise. D'un travail qu'il fit sur la forêt, il résulte que cette dernière, contenait, en 1686, cinq mille sept cent quatorze arpents, huit perches.

Chauvin (Joseph) était lieutenant de la gruerie en 1594; une de ses filles, *Marie*, fut mariée, en 1615, à Charles de Monsigot domicilié au Port-au-Pecq (1).

Cocatrix (François) exerçait, en 1657, la charge de *Louvetier*, dans toute l'étendue de la capitainerie, c'est-à-dire, il commandait l'équipage pour la chasse.

Coligny (Jacques Lion de), écuyer, chevalier de l'ordre royal et militaire de Saint-Louis, ancien brigadier du corps de sa Majesté, *sous-lieutenant* en la capitainerie, mourut à Saint-Germain, le 6 novembre 1754, âgé de 72 ans. (Voir ci-dessus page 163). De sa famille était François-Michel de Lion, seigneur de Coligny, ancien lieutenant-colonel de cavalerie, marié audit lieu, le 28 juillet 1770, à Françoise-Laurence de la Brosse.

---

(1) C'est le Pecq (canton de Saint-Germain-en-Laye). On disait autrefois *Aupec*, du latin *Alpiacum, Alpecum, Alpicum*, nom que porte ce lieu dans les anciens diplômes, à partir de 845.

Coulon (Charles), était garde des plaisirs en 1666. Sa femme, *Barbe Geneviève*, morte à Saint-Germain, le 24 octobre 1670, fut inhumée, le lendemain, dans l'église paroissiale.

Cuvyé (Pierre), de Montsoury, capitaine de cavalerie, aide de camp des armées du roi, son conseiller et son *lieutenant* en la maîtrise de Saint-Germain, était marié à *Louise Millet*, femme de chambre des Enfants de France, de feue Madame la Dauphine, puis de la duchesse de Bourgogne. Ils firent enregistrer leurs armes ensuite de l'ordonnance de 1696. De leur alliance vinrent plusieurs enfants, entre autres, *Louis*, né le 28 juillet 1675, baptisé l'année suivante, 31 mai, dans la chapelle du château-vieux par Bossuet, ancien évêque de Condom; et *Simon*, dont parrain, le 29 décembre 1676, noble Simon Cuvyé, sieur de la Bussière et gentilhomme ordinaire de la maison du roi.

Dariot (René), garde des plaisirs en 1662. Un de ses fils, *Henri*, fut tenu sur les fonts par noble Charles Morlet, chevalier, seigneur de Garennes, lieutenant de la capitainerie, et par dame Eléonore de Bouillé, femme du comte du Lude, gouverneur de Saint-Germain-en-Laye.

Debray (Pierre), noble homme, était inspecteur général des chasses de la capitainerie, en 1726.

Delastre (Jean), greffier de la gruerie, finit ses jours à Saint-Germain, le 5 janvier 1644.

Dubus, arpenteur de la maîtrise en 1789, demeurait rue de Poissy, à Saint-Germain.

Ducy (Joseph), géographe ordinaire du roi, arpenteur des eaux et forêts de la maîtrise, mourut à Saint-Germain, dans sa 71me année, le 6 janvier 1763 ; il avait épousé, en premières noces, Catherine Déru, et en deuxièmes, Françoise-Angélique Guesnard.

Dupont (François), sieur de *Compiègne*, gentilhomme de la vénerie, sous-lieutenant en la capitainerie, était marié à Jeanne Duchatel, laquelle décéda à Saint-Germain, âgée de 65 ans, le 6 juin 1675.

Dupont (Nicolas), de la même famille que le précédent, lieutenant de la capitainerie, duquel il a été déjà fait mention à l'article *René de Longueil*, page 121. Sa femme, *Henriette*, fut marraine, à Saint-Germain-en-Laye, le 16 juin 1649, de Henriette, fille de Jean-Antoine, gouverneur des pages de la chambre du roi, et de dame Andrée Guignard, le parrain étant haut seigneur Victor de Roquefort, premier gentilhomme de la chambre.

Fabre (Charles), demeurant rue de Pontoise, commandait les gardes de la capitainerie. Son fils Charles eut pour parrain (25 février 1731); René Lhuillier, garde général de la susdite capitainerie et domicilié à Saint-Nom-la-Bretèche(1)..

Ferrand (Louis) figure, dans un acte du 1er février 1633, comme étant lieutenant de la gruerie et bailli de Marly-le-Roi.

Garnier (Jacques), gentilhomme, fauconnier de la capitainerie, fut marié, à Saint-Germain, dans la chapelle du château-neuf, le 22 septembre 1666, avec *Catherine Bertin*, fille de feu Pierre Bertin, concierge et garde-meuble du susdit château. Au nombre des témoins, parut Nicolas Lhostelier, médecin ordinaire de la maison du roi. De ce mariage naquit, en 1672, *Angélique-Renée*, laquelle eut pour marraine Marguerite-Angélique Lenormand, fille de noble Claude Lenormand, contrôleur de la maison du comte de Soissons.

Garnier (Joseph), marié à Henriette-Dorothée, est qualifié capitaine du château-neuf de Saint-Germain, dans un acte du 24 décembre 1715. Son fils, *Joseph*, fut tenu sur les fonts par Pierre Bertin et par Henriette-Antoine, veuve de Christophe Du Gast, porte-manteau du roi.

---

(1) *Sanctus Nummius*, ou *Nunnus de Breteschia*, dont il est fait mention à la fin du xiiime siècle. Aujourd'hui dans le canton de Marly-le-Roi.

Gast (Michel du), procureur de la capitainerie, marié à Saint-Germain, le 25 novembre 1640, avec Renée Régnier, mourut le 28 mai 1655 et fut inhumé dans l'Eglise paroissiale. Le nom de cette famille, dont les armes étaient *d'azur à cinq besants d'or*, figure plusieurs fois dans nos *Registres paroissiaux*. Une rue de la ville de Saint-Germain s'appelle *Du Gast*.

Gaucher (Alain), époux de *Antoinette Grandhomme*, est cité dans un acte du 4 décembre 1570, comme concierge du château-neuf. De sa famille était François Gaucher, noble homme, porte-manteau du roi, marié à Saint-Germain le 20 octobre 1609. Il y a aussi audit lieu une rue portant le nom de *Gaucher*.

Godet (François), garde des plaisirs, en 1643, avait épousé *Jeanne de Lalande*. Une de leurs filles, Anne-Charlotte, fut tenue sur les fonts par noble René Legrand, conseiller du roi, et par *puissante et noble* dame d'Etampes, veuve de messire de Puiseux, en son vivant, secrétaire d'Etat.

Gramont (Jacques), greffier en chef de la capitainerie, était marié à Louise Sermoise, laquelle mourut à Saint-Germain, le 17 mars 1724, dans sa 83ᵉ année.

Guepière (Claude la), paraît dans un acte du

11 février 1691, avec la qualité de rachasseur de la capitainerie.

Guignard est le nom d'une famille très ancienne (1) et dont il est souvent mention dans nos *Registres paroissiaux* (2). Une généalogie non moins intéressante que documentée, en a été faite, il y a quelques années; nous y puisons les renseignements qui suivent : *Guignard* (Nicolas), fils d'André Guignard, greffier des prévôtés de Feucherolles, Videville et Davron, et de dame Estiennette Piot, fut greffier en chef des *Eaux et Forêts* de Saint-Germain et mourut en cette ville, le 7 mars 1640; il avait épousé, en 1618, demoiselle *Marguerite Legrand*, fille de Michel Legrand, procureur de sa Majesté, sieur du Bourret (3), et de dame Blanche Maurice. Son frère *Charles Guignard* devint conseiller du roi, commissaire enquesteur et examinateur en la capitainerie et maîtrise de Saint-Germain. Dans certains actes, il porte le titre de grand sergent royal des *Eaux et Forêts* de cette même ville. De Jeanne de Hautecourt, à laquelle il avait été marié, le 24 novembre 1619, vinrent

---

(1) Hugues Guignard accompagna Louis IX en terre Sainte. On trouve aussi, en 1351, Catherine Guignard, prieure de Poissy.

(2) Hôtel de Ville de Saint-Germain.

(3) *Bourret*, dans la vallée de Fillancourt, aujourd'hui comprise dans la commune de Saint-Germain.

six enfants, entre autres, *Claude Guignard*, greffier en chef de la maîtrise de Saint-Germain, marié en 1654, à Louise Blais, fille de Louis Blais, écuyer, contrôleur de la maison du roi ; et père du célèbre *Claude Guignard* (1).

Guillon de Fontenay (Louis), noble homme, époux de Nicole Moyer, était, en 1679, conseiller du roi, procureur au bailliage du Port-au-Pecq, notaire royal de Saint-Germain et greffier en chef, au château-vieux.

Guy fut secrétaire général de la capitainerie, sous le gouvernement de Louis de Noailles, duc d'Ayen; il fit bâtir rue de Lorraine, un grand bâtiment pour y loger cinquante sous-officiers invalides (2). Son fils, Antoine-Louis-Joseph, né à Paris en 1790, finit ses jours à Saint-Germain (dont il avait été élu maire), le 5 octobre 1861 (3).

Hautecourt (Claude de), grand sergent dans la capitainerie, mourut à Saint-Germain, en 1628 ; il fut porté dans l'église paroissiale qui le

---

(1) Ce dernier passa 56 ans au service de la France.
(2) Voir ci-dessus page 167, note 2.
(3) Voir notre *Notice* sur les Maires de Saint-Germain-en-Laye, 1896, page 49.

comptait au nombre de ses bienfaiteurs (1);
puis, à Villepreux, lieu de sa naissance. Parmi
les enfants que lui avait donnés sa femme,
Thomasse Legendre, nous citerons : 1° *François*,
dont baptême le 9 février 1594, ayant pour
parrains, François Fromont et Michel de Hautecourt. 2° *Jacques*, tenu sur les fonts, 5 mai 1598,
par Jacques Lormier et par Louise de Hautecourt, femme de messire Cagnyé.

Herbin (Noël), noble homme, figure dans un
acte de l'an 1607, avec la qualité de sergent
royal dans la capitainerie de Saint-Germain.

Herse-Viallard, lieutenant de la capitainerie,
épousa, le 29 avril 1689, Mademoiselle Soupir,
laquelle avait apporté, dit Dangeau, 50.000 écus,
et qui se trouvait toujours avec Madame la
Chancelière (2).

Huet (Pierre), époux de *Antoinette Ferrand*,
était concierge du château de Saint-Germain,
en 1605.

Ilharat (Jacques), dit Charruau, sieur de la

---

(1) Il lui avait fait don d'une croix et de six vases en
argent, et d'une statue de la Sainte Vierge, tenant d'une
main l'Enfant Jésus, et de l'autre, un chapelet en argent.
(Martyrologe conservé dans l'église de Saint-Germain).

(2) Journal, tome II, page 393.

Chambre, écuyer, garde des plaisirs dans toute l'étendue de la capitainerie, épousa à Saint-Germain, le 20 novembre 1630, demoiselle *Elisabeth*, fille de messire Gilbert de Goussainville, conseiller du roi, et de dame Léonarde Flutaut. Nous remarquons, parmi les témoins, René Legrand, conseiller du roi, gruyer audit Saint-Germain et seigneur des Alluets (canton de Poissy). De la famille de ce même *Ilharat* était *Jacques Ilharat*, époux de Marie Guignard, qui lui donna quatre enfants, entre autres, *François-Antoine*, dont parrain, le 20 mars 1683, Gaspart-François-Antoine, abbé commendataire de l'abbaye de Notre-Dame de Grand-Champ.

On trouve aussi *François Ilharat* de la Chambre, docteur de la Sorbonne, auteur de plusieurs ouvrages, mort à Paris en 1752, âgé de 56 ans.

Jean-Baptiste, écuyer, garde du corps de la reine, rachasseur de la capitainerie, en 1668. De sa femme, Anne Soldat, naquit Jean-Jacques, qui eut pour parrain Jean de Beaumont, chapelain ordinaire du roi.

Lagrange (François), noble homme, Exempt des gardes du corps du roi, est qualifié, dans un acte du 2 octobre 1664, maître particulier des eaux et forêts de la capitainerie.

Lalande (Claude de), garde des plaisirs dans toute l'étendue de la capitainerie. Sa femme,

Michelle-Charlotte, mourut à Saint-Germain, le 3 septembre 1652. Le nom de cette famille revient souvent dans nos *Registres paroissiaux*. Le 25 juillet 1599, Gabrielle de Lalande, fille de Jean de Lalande, eut pour marraine, Marguerite Gallois, gouvernante des Enfants de France.

Legrand (Claude), noble homme, conseiller du roi, procureur de la capitainerie, fut marié le 22 novembre 1661, après dispense de fiançailles accordée par Mgr de Lesseville, évêque de Coutances et grand vicaire de Saint-Germain-en-Laye, avec *Catherine Benoist*, fille de noble Simon Benoist, chef du gobelet de Sa Majesté.

Legrand (Georges), conseiller du roi, figure avec la qualité de procureur de la maitrise et de la capitainerie, au baptême de René, fils de Louis Cabaret, maître d'école à Saint-Germain. (22 août 1656).

Legrand (Georges), avocat au parlement de Paris, lieutenant dans la maîtrise et la capitainerie, marié à dame *Catherine Durand*, de laquelle naquirent *Renée-Marie* (1656), *René* (1659) et *Louise*, tenue sur les fonts (19 mai 1660) par noble Durand, de Poissy, et par Louise Legrand, femme de noble Jean Joisel, écuyer, un des gardes du corps de la reine.

Legrand (René), procureur en la maîtrise et prévôté de Saint-Germain, seigneur des Alluets, mort le 6 décembre 1662. De sa femme, Antoinette Legrand, étaient venus : 1° *Pierre*, dont parrain, le 19 septembre 1611, noble Pierre de Longueval, capitaine-enseigne en la compagnie auprès du Dauphin ; 2° *Marie*, tenue sur les fonts, 27 septembre 1623, par l'évêque d'Alet, grand aumônier de la reine, et par haute dame Marie de Luxembourg, femme du duc de Ventadour ; 3° *Charles*, baptisé en 1625, ayant pour parrain, Charles Cagnyé, principal des grammairiens du Collège de Navarre.

Lemaître (Edme), inspecteur de la capitainerie, mort à Saint-Germain, le 24 novembre 1765. Son domicile était au petit parc.

Lemoine (Jean), procureur de la capitainerie, bailli du prieuré de Saint-Germain, décédé le 28 mars 1669. Sépulture dans l'Eglise paroissiale. Sa fille, Marie, avait épousé audit lieu, le 30 mai 1645, noble Charles Vaultier de Moyencourt, maître d'hôtel du roi et lieutenant dans la capitainerie.

Leroy (Hyerôme), procureur de la capitainerie, greffier à Carrières-sous-Bois-de-Laye, épousa, le 30 mai 1645, *Marie Lemoine*, fille de noble Jean Lemoine, procureur royal. Au nombre des témoins parurent noble Charles de la Salle, sieur dudit Carrières, et ce même Charles Vaultier de Moyencourt dont il vient d'être question.

Lhuillier (René), garde général de la capitainerie. Nous avons dit *suprà*, article *Fabre*, qu'il prenait cette qualité dans un acte du 25 février 1731 et qu'il était domicilié à Saint-Nom-la Bretèche (aujourd'hui dans le canton de Marly-le-Roi).

Lou (Pierre de), gruyer, mort en 1594, et remplacé par Jean du Buchet. (Voir page 178).

Mahé (Félix), fut lieutenant de Saint-Germain-en-Laye sous le gouvernement de Yvon du Fou et de Raoul de Lannoy. (Voir ci-dessus, pages 62 et 67).

Manoury (Gilles) était garde dans la capitainerie en 1717; une de ses filles, Catherine, eut pour parrain noble Jean-Antoine Basire, écuyer, garçon ordinaire de la chambre du roi (1).

Marais (Jacques), garde du château-vieux, épousa, le 5 mai 1616, *Geneviève Marandeau*. De sa famille était Charles Marais, lequel vendit à Jean Delastre, le 20 avril 1649, une maison sise à Saint-Germain et destinée par la reine à la fondation d'un asile pour les pauvres malades.

---

(1) *Basire*, nom d'une famille dont il est fait plusieurs fois mention dans nos *Registres paroissiaux*. Un Basire (Laurent), écuyer, porte-manteau du roi, en 1744, habitait, rue de la Salle, à Saint-Germain-en-Laye.

Montguillet (Simon), garde des plaisirs dans la capitainerie, natif de Poissy, marié à Saint-Germain, 12 février 1657, à Marguerite Boissonnet, étant présents Jean Polye, procureur en la gruerie; Louis Boissonnet, chirurgien; Robert Bernard, musicien de la maison du roi, et René Legrand, seigneur des Alluets.

Morlet (Charles), seigneur de Garennes, lieutenant de la capitainerie en 1662. Il tint sur les fonts, le 27 novembre de cette même année, *Henri*, fils de René Dariot, garde des plaisirs, la marraine étant Renée-Eléonore de Bouillé, femme de Henri de Daillon, capitaine-gouverneur de Saint-Germain. (Voir page 181).

Moyencourt (Claude et Charles). Ils furent lieutenants de Saint-Germain; le premier prend ce titre dans un acte du 12 octobre 1631, à l'occasion d'un baptême où il représentait noble Claude de Saint-Simon; le deuxième, dans plusieurs actes postérieurs à 1631 (1).

Moyer (Charles et Jean). Ce dernier était inspecteur des chasses dans la capitainerie en 1765; quant à Charles, il exerça, en 1677, les fonctions de lieutenant dans la maîtrise. Il avait pour père, Charles Moyer, bailli du Port-au-Pecq,

---

(1) Voir *suprà* Lemoine et Leroy, et notamment, Claude de Saint-Simon, *Nota*, page 116.

mort le 10 juillet 1649, et pour mère, Louise du Pré, dont décès le 1ᵉʳ octobre 1661, à Saint-Germain-en-Laye.

Noyers (François des) est qualifié conseiller du roi et procureur en la maîtrise, dans un acte où il représentait, comme parrain, Alexandre Lefèvre, chevalier, grand maître des eaux et forêts de France. Voir *Registres paroissiaux*, 23 octobre 1724, *baptême* de Catherine-Charlotte-Elisabeth, fille de Louis Destancheau, écuyer, conseiller du roi en ses conseils, ci-devant son maître d'hôtel ordinaire.

Perdriel (Jean), écuyer, était, en 1465, concierge de l'hôtel des Loges et gruyer de la forêt de Saint-Germain, tandis que son frère, *Henri*, avait la garde du parc de Sainte-James (1) et des quatre étangs de Retz (2). Ne serait-ce pas de leur famille que descendait ce Jean Perdriel, seigneur de Bobigny et de Mézières, lequel tua

---

(1) Voir pour *Sainte-James*, page 17, note 2.
(2) Sauval, *Antiq. de Paris*, tome III, page 386 et suivantes. — *Retz*, primitivement Rey, est le prolongement supérieur de la vallée de Fillancourt, dans la commune de Saint-Germain-en-Laye. — Dans ce lieu était autrefois un manoir dont il restait encore, au xvIIᵐᵉ siècle, une tour avec quelques débris de tourelles. Retz a formé une paroisse jusqu'en 1793; son église avait pour patron Saint Jacques le Majeur.

le maréchal de Dreux à la bataille de Saint-André (1558)?

Pillard (François), garde des plaisirs dans la capitainerie en 1674, avait pour femme *Marie Bellier*. Ce dernier nom figure plusieurs fois dans nos *Registres paroissiaux*. Catherine-Henriette Bellier, favorite de la reine Anne d'Autriche et fille de noble Philandre Bellier, avait épousé à Saint-Germain, le 23 février 1634, noble Pierre de Beauvais, baron de Gentilly.

Ondeau (Elie), écuyer, remplissait, en 1620, la charge de lieutenant dans la gruerie de Saint-Germain.

Phillebois (Jean-Louis), greffier de la maîtrise, marié à dame *Françoise-Madeleine Réconseille*; leur fille cadette, Françoise-Sophie, épousa à Saint-Germain, le 13 juin 1769, Louis-Jean-Baptiste de Soulaigre, écuyer, mousquetaire du roi dans sa première compagnie et porte-manteau de Sa Majesté.

Piot (Charles), marié à *Françoise de Marchais*, fut garde des plaisirs dans toute l'étendue de la capitainerie; il appartenait à une ancienne famille de l'Orléanais et du Montfortois qui a fourni à la France plusieurs officiers des eaux et forêts et dont les armes étaient : *D'azur, au chevron d'or, accompagné de trois glands d'argent feuillés et tigés de même.*

Polye (Louis et Philippe). Ils sont qualifiés nobles hommes. Le premier figure en 1673, comme garde-marteau en la maîtrise, et le deuxième, comme rachasseur de la capitainerie, dans un acte de baptême, 8 mai 1674.

Raffron (Gilles), d'une ancienne famille de l'Ile-de-France, reçut de François Ier, le 26 décembre 1538, l'office de sergent royal de la garde de la Garenne, avec la conciergerie de la Meute (Muette), dans la forêt de Saint-Germain.

Régnault (Nicolas), fut receveur des amendes, restitutions et confiscations aux Eaux et Forêts de la capitainerie. De sa femme, Louise Montredon-Languedoc, naquirent plusieurs enfants, entre autres, Simon Liboire, tenu sur les fonts, 24 juillet 1769, par Simon Régnault, son grand-père, garde de la susdite capitainerie, et par Claire Montredon, épouse de Louis-René Langlois, piqueur chez le duc de Noailles.

Rossy (François de), garde des plaisirs en la capitainerie, mort à Saint-Germain-en-Laye, le 6 février 1653. Sépulture dans l'Eglise paroissiale. Ne serait-il pas ce même de *Rossy* auquel Louis XIII concéda, le mois de mai 1620, un petit coin de terre à l'entrée de la rue des Rouliers, pour agrandir sa maison, sise audit lieu, *Place* des Ecuyers ?

Routhier (Pierre-Antoine), inspecteur de la

capitainerie, fut présent, le 24 septembre 1743, au mariage célébré à Saint-Germain, entre messire Nicolas de Faudran de Laval, sous-brigadier des gardes du corps du roi, chevalier de Saint-Louis, fils majeur de Joseph-André de Faudran de Laval, seigneur des Taillades, domicilié audit lieu, et entre demoiselle Catherine-Marguerite de Tocqueville, fille majeure de Jacques-Philippe de Tocqueville, officier de la défunte Altesse, le duc d'Orléans.

Saint-Pierre (Simon-Joseph de), écuyer, officier de la capitainerie, époux de dame *Marie Allardin*, décédé à Saint-Germain le 28 décembre 1712 et inhumé dans l'église paroissiale. Etaient présents aux obsèques : Pierre Allardin, officier de feu la Dauphine, et François-Antoine Allardin, clerc tonsuré.

Salle (Bernard de la), écuyer, garde des plaisirs dans toute l'étendue de la capitainerie. En décembre 1631 « il fit foi et hommage à Louis XIII, pour la terre et seigneurie de Cornillé-Saint-Georges, mouvante de sa Majesté, à cause du château d'Amboise (1). »

Salle (Jacques de la), garde des plaisirs dans la capitainerie, mort à Saint-Germain, le 6 janvier 1670. Sépulture dans l'église paroissiale.

---

(1) Arch. Nat. *Aveux d'Anjou*, page 35.

Il s'était marié avec *Guérande Garost*, femme de chambre de la reine Anne d'Autriche. Une de ses filles, *Louise*, fut tenue sur les fonts, 15 octobre 1625, par noble Louis de Phélipeaux, conseiller, secrétaire du roi, et par Jeanne, fille de feu noble Henri de Buade, comte de Palluau et capitaine de Saint-Germain-en-Laye.

Salle (Jean-Baptiste de la), marié à *Jeanne Lefèvre*, était garde général de la capitainerie en 1765, année où son fils Claude-René de la Salle épousa, à Saint-Germain, Marguerite Acar, fille mineure de Geoffroy Acar et de Angélique Dumesnil.

Sanguinière (Jean de) fut maître particulier des eaux et forêts de Saint-Germain en 1711. (Voir *Nota*, page 156).

Santeuil (Claude-Auguste de), ancien avocat au parlement, conseiller du roi et lieutenant en la maîtrise. Sa femme, *Françoise-Eléonore Houllier*, lui donna, le 2 septembre 1770, une fille, *Françoise-Eléonore*, tenue sur les fonts, à Saint-Germain, par son grand-père, André de Santeuil, écuyer, ancien échevin, et par sa tante, Françoise-Juliette, épouse de Jean Houiller.

Ces *Santeuil* n'auraient-ils pas quelques liens de parenté avec le célèbre poète de ce nom, né à Paris en 1630 et mort d'une façon assez tragique?

Soulaigre (Henri de), concierge du château-vieux et garde-marteau de la maîtrise, fut marié, à Saint-Germain, le 20 janvier 1654, à demoiselle *Antoinette Bonnejoie*. Nous remarquons parmi les témoins : Louis Lenormand, sieur de Beaumont, capitaine-gouverneur dudit lieu ; Antoine Ferrand, prêtre, licencié en théologie ; Michel Ferrand, conseiller du roi et bailli de Versailles ; René Legrand, seigneur des Alluets. De cette alliance naquirent plusieurs enfants, entre autres, Marie-Thérèse, baptisée, en 1673, par l'évêque de Langres, dans la chapelle du château-vieux, en présence de Louis, dauphin, et de Marie-Thérèse d'Autriche.

Soulaigre (Henri-Louis de), époux de Marie Desjardins, était concierge du château-neuf, en 1720. La famille de ce nom figure très souvent dans nos *Actes paroissiaux*. Un de ses membres, Louis-Jean-Baptiste de Soulaigre, mousquetaire du roi, propriétaire à Saint-Illiers-la-Ville (Seine-et-Oise), deviendra maire de Saint-Germain-en-Laye, par ordonnance royale datée de Versailles, 31 juillet 1788.

Valle est qualifié lieutenant de la capitainerie dans un acte du 9 février 1654 : *Mariage* de messire Etienne Binet avec Anne Sermoise.

Vinage (Jacques), sergent de la capitainerie, marié à *Catherine Allardin*. Son fils, Jean, fut tenu sur les fonts (4 novembre 1625), par Louis d'Aligre, conseiller du roi en ses conseils d'Etat et privé, et par Jeanne, fille de feu Henri de Buade, capitaine-gouverneur de Saint-Germain-en-Laye.

Capitaineries, maîtrises et grueries ayant été supprimées en 1790, nous arrêtons ici notre étude sur les capitaines-gouverneurs de Saint-Germain-en-Laye. Nous eussions voulu faire plus grand, et, s'il nous était permis de le dire sans détours, *latine loqui*, la chose n'eût pas été trop difficile, les documents que nous avions recueillis étant très considérables. Nous aurions aimé surtout à reproduire les sceaux, les armoiries et les portraits de tous ces nobles et distingués personnages dont nous avons donné connaissance aux uns et rappelé le souvenir aux autres : *Indocti discant et ament meminisse periti* ; mais des ressources sur lesquelles nous avions lieu de compter, nous ayant fait défaut au moment opportun, il a fallu, non sans regrets, renoncer au plan primitivement entrevu, laissant aux travailleurs mieux favorisés le soin de compléter notre œuvre. Oui, de ce nouveau, mais modeste sentier que nous venons d'ouvrir dans le champ de notre histoire locale, puissent-ils, dans un prochain avenir, nous faire une belle et large voie! *Et modo quæ fuerat semita, facta via est !* (1) C'est de tout cœur que nous appelons l'accomplissement de ce vœu, dans l'intérêt d'une cité que nous habitons depuis trente années, devenue notre patrie adoptive, l'objet de nos constantes études, à laquelle enfin nous avons donné une grande part dans nos pensers les meilleurs.

Saint-Germain-en-Laye, 1ᵉʳ septembre 1899.

J. DULON,
PROFESSEUR
Rue de la République, 48

---

(1) M. Valerius Martialis.

NOTES

Préliminaires. Page XV. — Louis XIII finit ses jours au château-neuf. Voici l'acte de son décès : « Le 14ᵐᵉ jour de
« may 1643, feste de l'Ascension de Nostre-Seigneur, à deux
« heures après midi, au grand regret et trop tôt pour le bien
« de toute la France, après une longue et douloureuse ma-
« ladie, mourut dans le château-neuf de Saint-Germain-en-
« Laye, le très puissant, très victorieux et très chrestien
« prince Louis de Bourbon, XIIIᵐᵉ du nom, surnommé le Juste,
« fils aisné de l'Eglise, après avoir reçu, pendant sa maladie
« les SS. Sacrements de Pénitence, d'Eucharistie et d'Extrême-
« Onction avec un fort grand exemple de dévotion, âgé de qua-
« rante deux ans, sept mois, dix sept jours, ayant régné heu-
« reusement trente trois ans entiers, tout juste, roy de France
« et de Navarre, laissant pour successeur en sa place, son
« illustre prince, Louis de Bourbon, XIVᵐᵉ du nom, surnommé
« Dieudonné, son fils aisné, dauphin de France, âgé de quatre
« ans, huit mois et neuf jours seulement, qui fut tout aussitôt
« conduit à la chapelle du vieil chasteau, où il fut recognu,
« honoré et proclamé pour roy par la reyne régente sa mère
« premièrement, puis par MM. le duc d'Anjou, son frère uni-
« que, d'Orléans son oncle, et par tous les autres premiers
« prélats, seigneurs et officiers, étant pour lors en Cour, en
« fort grand nombre, avec toutes les protestations d'obéis-
« sance dues à Sa Majesté. » (*Registres paroissiaux de Saint-
Germain-en-Laye.*)

Idem. — Louis XIV né au château-neuf le 5 septembre 1638,
à onze heures, un quart, dans la matinée, y fût ondoyé le
même jour par Monseigneur Dominique Seguier, évêque de
Meaux; mais c'est dans la chapelle du château-vieux, que lui
furent suppléées les cérémonies du baptême, le 21 avril 1643,
ayant pour parrain, « Eminentissime personnage Messire
« Jules Mazarin, cardinal de la Sainte Eglise romaine, con-

« seiller du roy en ses conseils, et pour marraine, très haute
« et très puissante Madame Charlotte-Marguerite de Montmo-
« rency, femme de très haut et très puissant prince Henri de
« Bourbon, premier prince du sang. »

Page 3. — *Etienne* est mentionné comme concierge en *douze cent vingt-neuf,* dans le cartulaire de Saint-Wandrille, et en *douze cent quarante-neuf,* dans celui-ci de Saint-Germain-en-Laye. Ce fut sous son gouvernement qu'un ancien officier de Philippe-Auguste, attaché au service du château, *Régnault-Larcher,* dota d'une rente annuelle un hôpital (Domus-Dei), construit à Saint-Germain-en-Laye, sous le vocable de Saint-Eloi, mais dont il ne subsiste plus que le petit impasse qui y conduisait et qui porte encore le nom de *Cour-Larcher,* rue de Paris, entre les numéros 40 et 42.

Page 4. — D'après Rollot et de Sivry (*Précis historiq.* de Saint-Germain-en-Laye, 1848, p. 105), ce serait en 1126, sous le règne de Louis-le-Gros, que le capitaine de Saint-Germain aurait fait abattre *les fourches patibulaires* dressées par le prieur du lieu ; mais cette date est erronée : il faut dire 1261, comme cela est écrit dans les *Olim,* ou *Arrêts du Parlement,* tome I, page 516. — Ces fourches patibulaires furent transférées plus tard près de Fourqueux ; le nom de *Chemin de Justice,* resté au terrain qui longe la *Maison-Verte,* indique la voie que l'on suivait pour s'y rendre.

Page 19. — *Jean I de Meudon* étant capitaine, les Anglais, conduits par le Prince-Noir (1346), s'emparèrent de Saint-Germain-en-Laye ; le château fut livré aux flammes, mais la chapelle, qui se trouvait isolée du reste des bâtiments, échappa à l'incendie. Nous avons dit que Charles V retint, en 1369, Jean I de Meudon, pour capitaine du château, avec six hommes d'armes et six arbalétriers ; ajoutons que ce même roi avait mandé, en 1366, à *Robert de Maule,* receveur des aides ordonnées pour le *fort de Mantes,* qu'il déchargeait de cette imposition les habitants de Saint-Germain, de Mareil, de Fourqueux et de Saint-Léger-en-Laye, lesquels avaient refuge au susdit château. (*Mandements de Charles V*, par Léopold Delisle, n° 358.)

Page 27. — *Messire Jean Poncin*, chapelain d'Isabeau de Bavière, reçut XVIII sols parisis pour avoir « esté de Saint-
« Germain au Bois de Vincennes pour faire venir les orgues
« de la chapelle d'icelle reyne, et VIII sols parisis pour
« salaire de l'homme qui icelles orgues apporta au chasteau
« de Saint-Germain. »

Page 29. — *Jean de Guiry*, gouverneur de Saint-Germain-en-Laye. — De sa famille descendait *Hector de Guiry*, chevalier, seigneur de la Roncière, enseigne des gardes du corps du roi, marié à dame *Claire de Guillory*, et dont le fils, *Louis*, fut baptisé à Saint-Germain-en-Laye, en la chapelle du château-vieux (11 mars 1681), par Bossuet, ayant pour parrain *Louis*, dauphin de France, et pour marraine Marie-Anne-Christine-Victoire de Bavière. Ce Louis devint lieutenant-général de la province d'Aunis et mourut le 27 mars 1746 ; le dernier de cette Maison paraît avoir été *Jean-René*, comte de Guiry, page du roi en 1699, maréchal de camp en 1748 et décédé en 1768.

Page 35. — *Jean de Hanfort, Hantfort* ou *Hanneforde*, capitaine de Saint-Germain. Son frère, Richard Hanfort, écuyer, au service du roi d'Angleterre, s'était signalé par son courage à Verneuil, à Saint-James de Beuvron et ailleurs. (*Archives Nat.* X^{1a} 4796, fol. 423.)

Page 44. — *Jean Talbot*, capitaine de Saint-Germain-en-Laye (1434), portait : *Ecartelé au 1 et 4 de gueules au lion d'or, à la bordure engrelée du même ; au 2 et 3 à une bande accompagnée de six merlettes posées en orle.* Cimier : *Un lion passant d'or.* Supports : *Deux lions d'or.*

Page 60. — *Jacques Coitier*, à qui Louis XI donna la seigneurie de Saint-Germain, mourut vers 1505 et fut inhumé en l'église de Saint-André-des-Arts, dans une chapelle qu'il avait fait construire, sous le vocable de Saint Nicolas, et qu'il dota de cent livres de rente. — Outre l'abricotier sculpté sur la porte de sa maison, on y voyait aussi les images de la Sainte Vierge et de Saint Jacques, avec cette inscription :

JACOBUS COITIER
MILES ET CONSILIARIUS
AC VICE-PRÆSES CAMERÆ
COMPUTORUM
AREAM EMIT ET IN EA ÆDIFICAVIT
ANNO 1490

« Jacques Coitier, chevalier, conseiller du roi, vice-prési-
« dent de la Chambre des Comptes, a acheté ce terrain et y
« a fait construire cet édifice, l'an 1490 ».

Page 63. — *Thomas de Lannoy*, père de Raoul de Lannoy, le capitaine de Saint-Germain, fut-il *grand écuyer du duc de Bourgogne ?* Adrien de La Morlière (*Maisons illustres de Picardie*), Corbinelli (*Histoire de la Maison de Gondi*, tom. II, pag. 240), Dom Grenier (*Collection*, tome 131) disent seulement *Chambellan*. C'est là un argument négatif qui peut avoir une certaine valeur; mais nous lisons en termes formels, *grand écuyer du duc de Bourgogne*, dans Dom de Villevieille (*Trésor Généalogique*, volume 50), ainsi que dans la *Généalogie Lannoy*, Cabinets des Titres, Bibliothèque Nationale. Jusqu'à preuve du contraire, nous croyons devoir persister dans ce dernier sentiment.

Page 68. — *Jeanne de Poix*, femme de notre capitaine, était une des dernières descendantes, en ligne directe, de ce Gautier *Tirel*, sire de Poix, châtelain de Pontoise que les chroniqueurs anglais et normands, ont accusé, peut-être injustement, d'avoir tué le 2 août 1100, dans la New-Forest, Guillaume Le Roux, roi d'Angleterre. — Suger affirme avoir entendu souvent « *Jurejurando sæpius audivimus* », le sire de Poix protester contre cette accusation et jurer qu'il ne se trouvait pas dans la partie de la forêt où chassait le roi (voir Francisque Michel, *Chronique des ducs de Normandie*, dans *Documents inédits*, Imprimerie Royale, 1846, III. p. 337-340.

Pages 85, 87 et 90. — *Carrières-sous-Bois de Laye* dont furent seigneurs Jean Ier, Jean II et Charles de la Salle, avait autrefois un château et une chapelle dédiée à saint Pierre. Cette localité ne forme plus aujourd'hui, avec Mesnil-le-Roi, qu'une seule et même commune.

François Ier possédait entre Carrières et le Mesnil (petit Mas) un logis qui servait de dépôt pour ses équipages, quand il habitait le château de la Muette. Ce logis, appelé *Ferme de Vaux*, conserve encore le Phénix et la Salamandre sculptés sur une tourelle extérieure.

Page 108. — *François de Baradat.* — On dit que Louis XIII se sentant grièvement malade, le fit appeler à Saint-Germain pour lui exprimer ses regrets de l'avoir banni de la Cour. — On a donné plusieurs motifs de sa disgrâce, mais ceux dont Tallemant des Réaux s'est fait l'écho dans ses *Historiettes*, sont vraiment trop ridicules pour mériter quelque créance.

Page 109. — *Claude de Rouvroy*, duc de Saint-Simon. — Si les titres sur lesquels on base cette ancienne et illustre origine, *ne sont pas d'une authenticité incontestable, etc.....* Parmi les auteurs qui font remonter la famille de Rouvroy Saint-Simon, aux comtes de Vermandois, nous citerons Jean du Tillet, François de Belleforest (*Grandes Annales*) et Adrien de la Morlière (*Maisons vivantes et éteintes du diocèse d'Amiens*).

Page 145. — *Louis de Bourbon*, comte de Vermandois, et *Louis-Auguste de Bourbon*, duc du Maine, enfants naturels de Louis XIV, et dont fut gouverneur, *Henri de Mornay*, deuxième marquis de Montchevreuil, étaient nés au Château-Vieux de Saint-Germain; le premier avait pour mère, Louise-Françoise la Baume le Blanc, duchesse de la Vallière, et le second, Françoise-Athénaïs de Rochechouart, marquise de Montespan.

Page 181. — *Cuvyé* ou *Cuvier* (Pierre) *de Montsoury*,

chevalier, *lieutenant*, puis *maître* des eaux et forêts de Saint-Germain, marié à Louise Millet, femme de chambre des Enfants de France, etc., portait : *De Gueules à la fasce d'argent, chargée d'un lion léopardé du champ ; la fasce accompagnée en chef de molettes d'or, et en pointe, d'un cygne d'argent sur une rivière de même.* Louis XIV lui donna, mois de février 1688, une pension de 4.000 francs. (Voir *Journal de Dangeau*, tome II, page 104). Sa nièce, *Simonne-Anne Cuvier*, avait épousé, le 23 avril 1683, Claude de Chambon, marquis d'Arbouville, lieutenant aux gardes, puis colonel d'un régiment de son nom (1693), chevalier de Saint-Louis, brigadier des armées du roi, la dite brigade étant composée des régiments de la Marche, Charolais, Arbouville et *gardes du roi d'Angleterre*. — Cette *Jeanne-Simone* était fille de messire Claude Cuvier et de dame Jeanne Peaudeloup, laquelle fut mariée en deuxièmes noces à *Pierre de Montesquiou*, dit le comte d'Artagnan (cousin-germain du célèbre d'Artagnan), capitaine-lieutenant de la première Compagnie des Mousquetaires, ensuite maréchal de France. — De la famille Cuvier de Montsoury étaient aussi *Pierre Cuvier*, abbé d'Orbais (diocèse de Soissons), par nomination royale du 22 mars 1704, et *Simon Cuvier*, docteur en théologie de la maison de Navarre, mort abbé de Saint-Sauveur-le-Vicomte (diocèse de Coutances), le 3 mars 1740 (*Gallia Christiana*, tome XI, col. 926).

Nous recevons au dernier moment la note suivante : « Le Cartulaire de Saint-Wandrille, contient une charte d'avril 1244, portant accord entre l'abbaye et Milon, écuyer, sire de Stains, passé *Coram Stephano concergio Sancti Germani in Laia, in assisia apud Pissiacum*. Ce texte prouverait qu'*Etienne, comme concierge de Saint-Germain*, exerçait une juridiction qui s'étendait alors à Poissy, où il venait tenir ses assises ». (J. Depoin, Président de la Société des Études du Vexin.)

www.ingramcontent.com/pod-product-compliance
Lightning Source LLC
Chambersburg PA
CBHW051901160426
43198CB00012B/1699